hubi

Sprachspiele

Wortschatz

4–8 Jahre

zu den Adjektiven

Gegensatz – Steigerung

Susanne Angulo
Illustrationen: Birgit Busche-Brandt

Wo immer möglich, haben wir geschlechtsneutrale Personenbezeichnungen verwendet. In einigen Fällen war dies nicht möglich, weshalb wir uns dort für das in dieser Personengruppe überwiegende Geschlecht respektive wechselnde Geschlecht entschieden haben. Selbstverständlich sind mit den geschlechtsspezifischen Formulierungen aber immer beide Geschlechter gemeint.

CH-8207 Schaffhausen
service@schubi.com
www.schubi.com

1. Auflage 2017

ISBN 978-3-86723-504-4

No 139 44

MIX
Papier aus verantwortungsvollen Quellen
FSC® C009717
www.fsc.org

Vorwort

Adjektive weisen auf eine Eigenschaft hin und erläutern Situationen. Sie ergänzen als Beifügungen das Nomen oder als Umstandswörter das Verb. Sie beschreiben Personen, Gegenstände oder Tätigkeiten und sind unverzichtbar im kommunikativen Prozess. Adjektive informieren über Gefühle und geben Auskunft über subjektiv empfundene Gegebenheiten. Der Reichtum an Adjektiven im eigenen Sprachschatz ermöglicht eine differenzierte, interessante und lebendige Ausdrucksweise. Das Wissen über den Gebrauch des Adjektivs mit seinen Steigerungsmöglichkeiten hilft, sich präziser auszudrücken, besser verstanden zu werden, Geschichten kurzweiliger zu erzählen und auch später in der Schule, Aufsätze spannender zu gestalten.

Es war mein Anliegen, ein Bild- und Spielmaterial zu entwickeln, das über das Thema Gegensätze hinaus geht und die Steigerungsformen fokussiert, das abwechslungsreich genug ist, das Interesse der Kinder zu wecken und das motiviert, die dargestellten Eigenschaften der Motive zu vergleichen. Es soll bei der Erarbeitung des Wortschatzes anregen, nach Adjektiven zu suchen und Alternativen dazu zu finden.

Über z.T. bekannte, einfache Spielformen wie z.B. Zuordnungsspiele, Memo, Lotto oder Domino lernen die Kinder die Vielfalt der Adjektive, ihre Bedeutungsvielfalt und Steigerungsmöglichkeiten kennen. Dabei begleiten sie ihr spielerisches Handeln verbal. In komplexeren Spielen verinnerlichen sie ihre neu erworbenen sprachlichen Fähigkeiten und festigen ihren Adjektiv-Wortschatz.

Ich wünsche allen Sprachtherapeutinnen und Pädagogen bei der Arbeit an den Steigerungsformen der Adjektive mit dieser Spielesammlung viel Freude und Erfolg.

Susanne Angulo

Inhaltsverzeichnis

Übersicht über die Adjektiv-Quartette – Vorschläge zur Satzbildung (prädikativer und attributiver Gebrauch)

■	Der Brief ist **leicht / klein / flach**. ………… Der **leichte** Brief ist **flach**.	Das Paket ist **schwer / groß / hoch**. ………… Das **schwere** Paket ist **groß**.	Das Paket ist **schwerer / größer/ höher als** das andere. ………… Das **schwerere** Paket ist **größer als** das andere.	Das Paket ist **am schwersten / größten / höchsten.** ………… Das **schwerste** Paket ist **am größten**.
■	Das Vogelbaby ist **klein / schwach**. ………… Das **schwache** Tier ist das Vogelbaby.	Die Katze ist **groß / stark**. ………… Das **starke** Tier ist die Katze.	Der Hund ist **größer / stärker als** die Katze. ………… Das **stärkere** Tier ist der Hund.	Das Pferd ist **am größten / stärksten**. ………… Das **stärkste** Tier ist das Pferd.
■	Das Ruderboot ist **billig / günstig**. ………… Das **kleine** Ruderboot kostet **wenig** Geld.	Das Segelboot ist **teuer / wertvoll**. ………… Das **große** Segelboot kostet **viel** Geld.	Das Polizeischiff ist **teurer / wertvoller als** das Segelboot. ………… Das **größere** Polizeischiff kostet **mehr** Geld **als** das Segelboot.	Das Piratenschiff ist **am teuersten / wertvollsten**. ………… Das **größte** Schiff, das Piratenschiff, kostet **am meisten** Geld.
■	Die Computermaus ist **leise**. ………… Die **leise** Computermaus ist **schlecht** zu hören.	Der Föhn ist **laut**. ………… Der **laute** Föhn ist **gut** zu hören.	Die Bohrmaschine ist **lauter als** der Föhn. ………… Die **lautere** Bohrmaschine ist **besser** zu hören **als** der Föhn.	Der Presslufthammer auf der Straße ist **am lautesten**. ………… Das **lauteste** Gerät, der Presslufthammer, ist **am besten** zu hören.

●	Das Glas ist **leer**. ………… Im **leeren** Glas sind **keine** Murmeln.	Das Glas ist **voll**. ………… Im **vollen** Glas sind **viele** Murmeln.	Das Glas ist **voller als** das andere. ………… Im **volleren** Glas sind **mehr** Murmeln **als** im anderen.	Das Glas ist **am vollsten**. ………… Im **vollsten** Glas sind **die meisten** Murmeln.
●	Das Wetter ist **warm / heiß**. Die Sandburg ist **groß**. ………… Das Mädchen baut eine **große** Sandburg.	Das Wetter ist **kalt**. Die Sandburg ist **klein**. ………… Das Mädchen baut eine **kleine** Sandburg.	Das Wetter ist **kälter als** gestern. Die Sandburg ist **kleiner als** die andere. ………… Das Mädchen baut eine **kleinere** Sandburg **als** das andere.	Das Wetter ist **am kältesten**. Die Sandburg ist **am kleinsten**. ………… Das Mädchen baut die **kleinste** Sandburg.
●	Der Pirat ist **arm**. ………… Der **arme** Pirat hat **wenige** Münzen gefunden.	Der Pirat ist **reich**. ………… Der **reiche** Pirat hat **viele** Münzen gefunden.	Der Pirat ist **reicher als** der andere. ………… Der **reichere** Pirat hat **mehr** Schätze gefunden.	Der Pirat ist **am reichsten**. ………… Der **reichste** Pirat hat **die meisten** Schätze gefunden.
●	Die Tischdecke ist **sauber**. Die Küchenrolle ist **dick**. ………… Das **saubere** Kind hat noch **viel** Papier.	Die Tischdecke ist **schmutzig**. Die Küchenrolle ist **dünn**. ………… Das **schmutzige** Kind hat **wenig** Papier.	Die Tischdecke ist **schmutziger als** die andere. Die Küchenrolle ist **dünner als** die andere. ………… Das **schmutzigere** Kind hat noch **weniger** Papier.	Die Tischdecke ist **am schmutzigsten**. Die Küchenrolle ist **am dünnsten**. ………… Das **schmutzigste** Kind hat das **wenigste** Papier.

▲	Das Schwein ist **dünn / mager**. Das Schwein hat **wenige** Kartoffeln. Das **magere** Schwein ist **hungrig**.	Das Schwein ist **dick / fett**. Das Schwein hat **viele** Kartoffeln. Das **dicke** Schwein ist **satt**.	Das Schwein ist **dicker / fetter als** das andere. Das Schwein hat **mehr** Kartoffeln **als** das andere. Das **dickere** Schwein ist **satter als** das andere.	Das Schwein ist **am dicksten / fettesten**. Das Schwein hat die **meisten** Kartoffeln. Das **dickste** Schwein ist **am sattesten**.
▲	Der Turm ist **niedrig / schmal**. Der Turm hat **wenige** Bausteine. Der **niedrige** Turm ist **einfach** zu bauen.	Der Turm ist **hoch / breit**. Der Turm hat **viele** Bausteine. Der **hohe** Turm ist **schwer** zu bauen.	Der Turm ist **höher / breiter als** der andere. Der Turm hat **mehr** Bausteine als der andere. Der **höhere** Turm ist **schwerer** zu bauen als der **niedrigere**.	Der Turm ist **am höchsten / breitesten**. Der Turm hat **die meisten** Bausteine. Der **höchste** Turm ist **am schwersten** zu bauen.
▲	Die Perlenkette ist **kurz**. Die Kette hat **wenige** Perlen. Das **faule** Mädchen hat **wenige** Perlen aufgefädelt.	Die Perlenkette ist **lang**. Die Kette hat **viele** Perlen. Das **fleißige** Mädchen hat **viele** Perlen aufgefädelt.	Die Perlenkette ist **länger als** die andere. Die Kette hat **mehr** Perlen **als** die andere. Das **fleißigere** Mädchen hat **mehr** Perlen aufgefädelt **als** das andere.	Die Perlenkette ist **am längsten**. Die Kette hat **die meisten** Perlen. Das **fleißigste** Mädchen hat die **meisten** Perlen aufgefädelt.
▲	Der Sandberg ist **hoch**. Das Mädchen findet **wenige** Muscheln.	Das Sandloch ist **tief**. Im **tiefen** Sandloch findet das Mädchen **viele** Muscheln.	Das Sandloch ist **tiefer als** das andere. Im **tieferen** Sandloch findet das Mädchen **mehr** Muscheln.	Das Sandloch ist **am tiefsten**. Im **tiefsten** Sandloch findet das Mädchen **die meisten** Muscheln.

□	(Das) Stehen auf dem Skateboard ist **einfach**. Das **ängstliche** Mädchen steht auf dem Skateboard.	(Das) Fahren auf dem Skateboard ist **schwierig**. Das **mutige** Mädchen fährt mit dem Skateboard.	(Das) Kurvenfahren mit dem Skateboard ist **schwieriger als** (das) Geradeausfahren. Das **mutigere** Mädchen fährt Kurven mit dem Skateboard.	(Das) Springen mit dem Skateboard ist **am schwierigsten**. Das **mutigste** Mädchen springt mit dem Skateboard.
□	Die Wanderin mit den Wanderstöcken ist **langsam**. Die Wanderstöcke sind **billig**. Die **langsame** Wanderin wandert im Wald. Die **langsame** Frau wandert.	Die Fahrradfahrerin ist **schnell**. Das Fahrrad ist **teuer**. Die **schnelle** Fahrradfahrerin fährt auf dem Radweg. Die **schnelle** Frau fährt mit dem Fahrrad.	Die Autofahrerin ist **schneller als** die Fahrradfahrerin. Das Auto ist **teurer als** das Fahrrad. Die **schnellere** Autofahrerin fährt auf der Straße. Die **schnellere** Frau fährt mit dem Auto.	Die Pilotin ist **am schnellsten**. Das Flugzeug ist **am teuersten**. Die **schnellste** Person, die Pilotin, fliegt den Düsenjet. Die **schnellste** Frau fliegt mit dem Flugzeug.
□	Der Bogenschütze ist **schlecht**. Der Schuss ist **schlecht**. Der **schlechte** Bogenschütze ist ein Sportler mit wenig Übung.	Der Bogenschütze ist **gut**. Der Schuss ist **gut**. Der **gute** Bogenschütze ist ein Sportler mit **viel** Übung.	Der Bogenschütze ist **besser als** der andere. Der Schuss ist **besser als** der andere. Der **bessere** Bogenschütze ist ein Sportler mit **mehr** Übung.	Der Bogenschütze ist **am besten**. Der Schuss ist **am besten**. Der **beste** Bogenschütze ist der Sportler mit der **meisten** Übung.
□	Der Holzhocker ist **unbequem**. Die **unbequeme** Sitzgelegenheit, der Holzhocker, ist **hart**.	Der Korbstuhl mit Kissen ist **bequem**. Die **bequeme** Sitzgelegenheit, der Korbstuhl mit (dem) Kissen, ist **weich**.	Der Sessel ist **bequemer als** der Korbstuhl. Die **bequemere** Sitzgelegenheit, der Sessel, ist **weicher als** der Korbstuhl mit Kissen.	Der Sitzsack ist **am bequemsten**. Die **bequemste** Sitzmöglichkeit, der Sitzsack, ist **am weichsten**.

○	Die Hexe ist **jung / schön**. Die Hexennase ist **gerade**. …………………………… Die **junge** Hexe hat eine **glatte** Haut.	Die Hexe ist **alt / hässlich**. Die Hexennase ist **krumm**. …………………………… Die **alte** Hexe hat eine **faltige** Haut.	Die Hexe ist **älter / hässlicher als** die andere. Die Hexennase ist **krummer als** die andere. …………………………… Die **ältere** Hexe hat eine **faltigere** Haut.	Die Hexe ist **am ältesten / hässlichsten**. Die Hexennase ist **am krummsten**. …………………………… Die **älteste** Hexe hat die **faltigste** Haut.
○	Das Nachtlämpchen ist **dunkel**. …………………………… Das **dunkle** Nachtlämpchen macht **wenig** Licht.	Das Kerzenlicht ist **hell**. …………………………… Die **helle** Kerzenflamme macht **viel** Licht.	Die Leselampe ist **heller als** das Kerzenlicht. …………………………… Die **hellere** Lichtquelle, die Leselampe, macht **mehr** Licht.	Der Deckenstrahler ist **am hellsten**. …………………………… Die **hellste** Lichtquelle, der Deckenstrahler, macht am **meisten** Licht.
○	Das Gartenhaus ist **neu**. Der Baum ist noch **klein**. …………………………… Das **neue** Gartenhaus ist **sauber**.	Das Gartenhaus ist **alt**. Der Baum ist schon **groß**. …………………………… Das **alte** Gartenhaus ist **schmutzig**.	Das Gartenhaus ist **älter als** das andere. Der Baum ist (schon) **größer als** der andere. …………………………… Das **ältere** Gartenhaus ist **schmutziger als** das alte.	Das Gartenhaus ist **am ältesten**. Der Baum ist **am größten**. …………………………… Das **älteste** Gartenhaus ist **am schmutzigsten**.
○	Der Junge ist **ängstlich**. …………………………… Der **ängstliche** Junge traut sich nicht ins flache Wasser.	Der Junge ist **mutig**. …………………………… Der **mutige** Junge taucht.	Der Junge ist **mutiger** als der andere. …………………………… Der **mutigere** Junge springt vom Beckenrand.	Der Junge ist **am mutigsten**. …………………………… Der **mutigste** Junge springt vom Sprungbrett.

△	Die Mauer ist **breit**. Das Balancieren auf der Mauer ist **einfach / leicht**. …………………………… Die **breite** Mauer ist zum Balancieren einfach.	Der Baumstamm ist **schmal**. Das Balancieren auf dem Baumstamm ist **schwierig**. …………………………… Der **schmale** Baumstamm ist zum Balancieren schwierig.	Der Schwebebalken ist **schmaler** als der Baumstamm. Das Balancieren auf dem Schwebebalken ist **schwieriger als** (das Balancieren) auf dem Baumstamm. …………………………… Der **schmalere** Schwebebalken ist zum Balancieren noch schwieriger.	Das Seil (die Slackline) ist **am schmalsten**. Das Balancieren auf dem Seil ist **am schwierigsten**. …………………………… Das **schmalste Gerät**, das Seil, ist zum Balancieren am schwierigsten.
△	Das Gespräch der Erwach-senen ist **langweilig / uninteressant**. …………………………… Das Gespräch der Erwachsenen ist eine **langweilige** Sache.	Das Löwenbuch ist **spannend / aufregend / interessant**. …………………………… Das Buch über Löwen ist ein **spannendes** Erlebnis.	Der Löwenfilm ist **spannender / aufregender als** das Löwenbuch. …………………………… Der Film über Löwen ist ein **spannenderes** Erlebnis.	Die Safari ist **am spannendsten / aufregendsten**. …………………………… Die Safari mit echten Löwen ist das **spannendste** Erlebnis.
△	Der Stein ist **hart**. …………………………… Der Stein hat eine **harte** Oberfläche.	Das Moos ist **weich**. …………………………… Das Moos hat eine **weiche** Oberfläche.	Die Watte ist **weicher als** das Moos. …………………………… Die Watte hat eine **weichere** Oberfläche **als** das Moos.	Das Fell ist **am weichsten**. …………………………… Das Fell besitzt die **weichste** Oberfläche.
△	Der Junge ist **gesund / fröhlich / ausgelassen**. …………………………… Der **gesunde** Junge springt Trampolin.	Der Junge ist **krank / traurig**. …………………………… Der **kranke** Junge sitzt im Sessel.	Der Junge ist **kränker / trauriger als** der andere. …………………………… Der **kränkere** Junge liegt auf dem Sofa.	Der Junge ist **am kränksten / traurigsten**. …………………………… Der **kränkste** Junge liegt im Bett / im Krankenhaus.

Adjektive und ihre Steigerung

Das Adjektiv beschreibt Dinge, Situationen, Abläufe und nimmt Bezug auf Erlebnisse und Sachverhalte. Es ist eine Wortart, die unterschiedliche Anwendung im deutschen Sprachgebrauch findet, z.B.:

- Das **alte** Fahrrad steht in der Garage. (attributive Verwendung)
- Das Auto ist **schnell**. (prädikative Verwendung)
- Das Auto fährt **schnell**. (adverbiale Verwendung)

Das prädikative und adverbiale Adjektiv bleibt in seiner Wortstruktur unverändert, während das attributive Adjektiv dekliniert wird und sich dem Kasus, Numerus und Genus des nachfolgenden Substantivs (Nomens) anpasst. Sprachtherapeutinnen und Pädagogen geben im Spiel je nach Lern- bzw. Therapieziel die Satzart und damit die Verwendung des Adjektivs vor. So entscheiden sie sich je nach Fähigkeit bzw. Alter der Kinder für die einfachere prädikative und ggf. für die adverbiale Anwendung der Adjektive oder aber für den anspruchsvolleren Gebrauch, die Anwendung der attributiven Adjektive während der Übung. Detaillierte Zielsetzungen finden sich in den einzelnen Spielanleitungen.

Die Endungen der attributiven Adjektive im Nominativ weisen bereits eine grammatikalische Schwierigkeit auf: Sie richten sich nach dem vorausgegangenen bestimmten oder unbestimmten Artikel. So wird unterschieden zwischen *„das schnell**e** Auto“* - *„ein schnell**es** Auto“* und *„der schnell**e** Bus“* - *„ein schnel**ler** Bus“*, während der feminine Artikel hier keine Anpassung der Adjektivendungen verlangt, z.B. *„die warm**e** Sonne und eine warm**e** Sonne“*. Zusätzliche Anforderungen entstehen durch die Ausnahmen von der Regel, wie z.B. *„das Nachtlicht ist dunk**el**“* aber *„das dunk**le** Nachtlicht“* oder *„der Turm ist ho**ch**“* aber *„der ho**h**e Turm.“* Die Spielleiterin passt die Beispielsätze der grammatischen Zielsetzung an. **Einsatzmöglichkeiten der unbestimmten Artikel** werden **in Spiel 12** beschrieben.

Die Verwendung der Steigerungsformen der Adjektive (Komparativ und Superlativ) erweitert die sprachlichen Ausdrucksmöglichkeiten der Kinder.

Der Komparativ dient generell dem Vergleich, der Superlativ weist immer auf die höchste Stufe des Vergleichs hin.

Es wird unterschieden zwischen

Gegensatz (Antonym)	(z.B. laut)
Grundform (Positiv)	(z.B. leise)
Erster Steigerung (Komparativ)	(z.B. leis**er als** ...)
Zweiter Steigerung (Superlativ)	(z.B. **am** leise**sten**)

Es gibt regelmäßige (z.B. weich/weicher/am weichsten) und unregelmäßige Steigerungsformen (z.B. gut/besser/am besten), bei denen sich z.B. der Wortstamm oder ein Konsonant verändern.

Bei der prädikativen und adverbialen Verwendung der Steigerung im Satz bleiben die Komparativ- und Superlativendungen der Adjektive unverändert. Im attributiven Gebrauch der Komparationen müssen die Endungen dem Nomen im Genus, Kasus und Numerus angepasst werden.

Nicht gesondert eingegangen wird in dem vorliegenden Spieleband auf grammatikalische Gegebenheiten wie die komplizierte attributive Verwendung der Adjektive im Genitiv und Dativ.

Aufbau und Gebrauch der Mappe

Die Mappe **Sprachspiele zu den Adjektiven** besteht aus drei Teilen. Der **erste Teil** umfasst die Übersicht über die verwendeten Adjektive mit Satzbeispielen und die Spielanleitungen zu den Spielen. Der **zweite Teil** enthält die Kopiervorlagen der Bildkarten und Spielpläne und der **dritte Teil** dasselbe Spiel- und Bildmaterial auf farbigem Karton.

In den ersten Spielen (Spiele 1 - 6) lernen die Kinder die Welt der Eigenschaften kennen. Die Szenen und Motive auf den Bildkarten werden mit Hilfe der Adjektive beschrieben. Auch die Gegensätze werden vermittelt. Sukzessiv erarbeiten sich die Kinder mit Bildkarten und Spielplänen in den nachfolgenden Spielen die Komparativ- und Superlativformen, denen in den Spielen 7, 10 und 13 Symbole zugeordnet werden. Im Domino (Spiel 9) vergleichen die Spieler die Motive und erfahren den Unterschied zwischen „anders als“ und „gleich wie“. In den Spielen (10 bis 13) werden alle vier Adjektivformen - Antonym

(Gegensatz), Positiv, Komparativ und Superlativ – vergleichend gegenübergestellt. Spiel 14 konzentriert sich nochmals ausschließlich auf Grundform, Komparativ und Superlativ.

Korrektives Feedback

Die Spielleiterin unterstützt das Kind bei der Satzbildung bzw. wiederholt die gesprochenen Sätze in korrekter Weise im Anschluss, wenn die Satzform falsch gebildet wurde. Dabei achtet sie darauf, das Kind im Redefluss nicht zu unterbrechen. Kinder mit Sprachentwicklungsproblemen oder Kinder, die Deutsch als Zweitsprache erwerben und u. a. einen eingeschränkten Wortschatz haben, lernen leichter und unbeschwerter in dem Vertrauen, dass ihre sprachlichen Defizite keine Auswirkung für das Miteinander und für den Spielausgang haben. Folglich ist es dem Geschick der Spielleiterin überlassen, Konsequenzen im Spielverlauf zu ziehen, wenn ein Kind die sprachliche Aufgabe nicht korrekt gelöst hat. Dabei ist die charakterliche und emotionale/psychische Verfassung der Kinder zu beachten.

Die Spiele sind so angelegt, dass sie die Kreativität anregen und zum Mitmachen motivieren. Auch die Spielregeln können gemeinsam mit den Kindern während der Therapie phantasievoll verändert und der jeweiligen Situation angepasst werden.

Gebrauch des Bildmaterials

Anhand der farbigen Spielmaterialien werden in der Sprachförderung und im DaZ-Unterricht die Lernziele erarbeitet. Mit Hilfe der Kopiervorlagen vertiefen die Kinder zu Hause mit den Eltern die angeeigneten Fähigkeiten.

Alle farbigen Spielpläne und Bildkarten eignen sich zum Laminieren. Die einzelnen farbigen Bildkarten sowie die Dominokarten werden vor dem erstmaligen Einsatz in Förderung und Therapie zuvor von der Spielleiterin auseinandergeschnitten.

Markierung der Bildkarten

Der vorliegende Band ‚Sprachspiele zu den Adjektiven' enthält neben **24 Dominokarten** und **6 Spielplänen 24 Adjektiv-Quartette** und somit insgesamt **96 Bildkarten**. Generell wird nicht gleichzeitig mit allen Quartetten gespielt, außer die Spielleiterin entscheidet sich bewusst für alle Quartette, um mit den Kindern zu spielen, die eine sehr gute Ausdauerfähigkeit besitzen. Je vier Quartette sind entweder mit schwarzen oder weißen Quadraten, Kreisen oder Dreiecken gekennzeichnet, wodurch ein schnelles und unkompliziertes Aussortieren und Bereitstellen von 8, 12 oder auch 16 Quartetten möglich ist. Um das Heraussuchen der Quartette zu erleichtern, sollten die Quartettkarten getrennt, sortiert nach schwarzen und weißen Formen aufbewahrt werden. Die Zusammengehörigkeit der einzelnen Quartettkarten ergibt sich durch das gemeinsame Motiv auf den Bildkarten eines Quartetts.

Zusätzlich kann aus der Position der Form auf der jeweiligen Bildkarte abgelesen werden, ob es sich bei dem abgebildeten Motiv um den Gegensatz, die Grundform, den Komparativ oder den Superlativ innerhalb eines Quartetts handelt:

- Antonym (Gegensatz): Form in der linken oberen Ecke
- Positiv (Grundform): Form in rechten oberen Ecke
- Komparativ (1. Steigerung): Form in der linken unteren Ecke
- Superlativ (2. Steigerung): Form in der rechten unteren Ecke

Eine Form unten rechts z.B. bedeutet also immer: Superlativkarte innerhalb eines Quartetts.

Beispiel:

leicht *schwer* *schwerer* *am schwersten*

In einigen Spielen ist das Bildmaterial auf bestimmte Adjektivformen begrenzt. Durch das Markieren der Motive nach Gegensatz, Grundform, Komparativ und Superlativ mit den Formen in einer bestimmten Position ist das Aussortieren der benötigten Karten sehr einfach und ermöglicht es sogar den Kindern, das benötigte Bildmaterial für das Spiel, auch während der Förderung rasch herauszusuchen.

Beispiele:

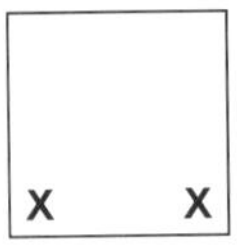

Es werden nur Bildkarten mit Komparativen und Superlativen gebraucht.

Es wird das komplette Quartett mit allen vier Adjektivformen benötigt.

Mit Hilfe eines einfachen Icons hinter der Materialbeschreibung in der Spielanleitung erkennt die Spielleiterin sofort, welche Adjektivformen für das Spiel benötigt werden.

Das **schwarzweiße Bildmaterial** (Kopiervorlagen) ist dem **farbigen Bildmaterial** entsprechend gleich gekennzeichnet. Auf einer Kopiervorlage mit drei Quartetten stehen die jeweiligen Adjektivformen (Gegensatz, Grundform, Komparativ und Superlativ) immer untereinander.

Satzbeispiele

Satzvorschläge zum prädikativen und attributiven Gebrauch der Adjektive stehen für alle verwendeten Adjektive in einer Übersicht am Anfang der Mappe zur Verfügung:

- prädikativer Gebrauch = oberhalb der gestrichelten Linie
- attributiver Gebrauch = unterhalb der gestrichelten Linie

Die Anordnung der Satzbeispiele in der Übersicht entspricht der Anordnung der Bildkarten auf den Kartonbögen und Kopiervorlagen. Die Sätze dienen der Spielleiterin als Orientierung, dem häuslichen Üben mit den Eltern und eignen sich für den DaZ-Unterricht.

Satzbeispiele für den **adverbialen Gebrauch** stehen direkt bei den Spielen 13 und 14.

Anzahl der Spieler

Die Spiele eignen sich grundsätzlich für die **Einzelförderung sowie für Gruppen mit 2 – 4 Kindern**. In der Einzelförderung übernimmt die Spielleiterin den Part des zweiten Spielers.

Die Anzahl der Kartenpaare bzw. der Trio- und Quartettkarten im Spiel ist abhängig von der Anzahl der Spieler und kann dementsprechend angepasst werden. Die Anzahl der eingesetzten Karten richtet sich aber auch ganz individuell nach Entwicklungsalter, Konzentrationsfähigkeit, Ausdauer und der Gedächtnisleistung der Kinder.

Zusatzmaterial

- Spielfiguren
- 3er- und 6er-Würfel
- Muggelsteine

Spiel 1.1: Die Welt der Eigenschaften - Kennenlernspiel

Anzahl der Spieler: 2 - 4

Spielziel:

- Prädikative Verwendung der Adjektive in der Grundform

Material:

- Farbiger Spielplan 1 und 2 (Grundformen)
- 24 Muggelsteine
- 1 Spielfigur je Spieler
- 6er-Würfel

Info zu den Adjektiven

Die Spielleiterin erklärt den Kindern, dass alle Gegenstände, alle Lebewesen und auch wir Menschen unterschiedliche Eigenschaften haben und gibt einige Anregungen, z.B.:

„Schaut euch im Zimmer um! Es gibt viele Gegenstände. Sie sind z.B. groß, klein, voll oder leer, manche sind alt und kaputt, und einige sind neu."

„Schaut euch selbst im Spiegel an, der eine hat lange, lockige und dunkle Haare, der andere hat kurze, glatte und blonde Haare."

„Schaut aus dem Fenster: Wie ist das Wetter heute Morgen? - Das Wetter ist regnerisch, nebelig oder sonnig!"

Die Spielleiterin legt den Kindern die farbigen Spielpläne vor. Es sind viele Gegenstände Menschen und Tiere mit den unterschiedlichen Eigenschaften abgebildet, die benannt werden können.

Spielablauf

Die Spielpläne werden zu einem großen Spielplan zusammengelegt. Auf allen Bildern des Spielplans liegt je ein Muggelstein. Jedes Kind stellt seine Spielfigur an eine der vier Ecken (Start) außerhalb des Spielplans. Ein Kind beginnt und würfelt. Es zieht seine Spielfigur so viele Felder weiter, wie der Würfel Augen zeigt. Es darf senkrecht und waagrecht ziehen, auch beliebig oft während eines Zuges die Richtung ändern. Es ist jedoch verboten, diagonal von einem Bild zum nächsten zu ziehen.

Das Kind holt sich den Muggelstein des neu besetzten Bildes. Die Spielleiterin stellt eine Frage zum Motiv, z.B.: *„Wie ist die Kette?"* Das Kind antwortet: *„Die Kette ist lang."*

Da hier das Kind keinen Vergleich ziehen kann, könnte das Kind auch sagen: *„Die Kette ist kurz."*, oder *„Die Kette ist bunt."* Die unterschiedlichen Eigenschaften werden in diesem Spiel nach subjektivem Eindruck gefunden und benannt.

Das Kind zur Linken ist an der Reihe, würfelt, zieht seine Figur und besetzt möglichst ein Feld, auf dem noch ein Muggelstein zu gewinnen ist und formuliert einen Satz. Es wird gespielt, bis keine Muggelsteine mehr auf dem Spielplan liegen.

Sieger ist das Kind mit den meisten Muggelsteinen.

Tipp: Beim Finden der Eigenschaften dürfen sich die Adjektive nicht mehr als zweimal wiederholen, da sich die Kinder die Aufgabe mit immer wiederkehrenden, häufig verwendeten Eigenschaften wie groß - klein oder durch das Benennen mit Farbadjektiven leicht machen könnten.

Variante:

Haben Kinder ein geringes Durchhaltevermögen, wird nur mit einem Spielplan und dem 3er-Würfel gespielt.

Spielplan 1

Spielplan 2

Spiel 1.2: Die Welt der Eigenschaften – Lotto

Anzahl der Spieler: 2 – 4

Spielziel:

- Prädikative Verwendung der Adjektive in der Grundform

Material:

- Farbige Spielpläne 1 und 2 (Grundformen)
- Weitere Kopiervorlagen der Spielpläne (bei mehr als 2 Spielern)
- Alle farbigen Bildkarten in der Grundform

Spielablauf

Jedes Kind erhält einen Spielplan. Alle 24 Grundformkarten liegen mit der Bildseite nach unten auf einem Stapel. Bei vier Spielern haben je zwei Kinder Spielpläne mit den gleichen Motiven und müssen beim Ergattern der Karten schneller sein als der andere. Spielen ein bzw. drei Kinder, spielt die Spielleiterin als zweiter bzw. vierter Spielpartner mit.

Das Kind, das links neben der Spielleiterin sitzt, beginnt, deckt die erste Bildkarte auf und sagt einen Satz, z.B.: *„Der Korbstuhl mit Kissen ist bequem.“* Alle Kinder suchen auf ihren Spielplänen das Bild mit dem Korbstuhl. Das Kind, das den Korbstuhl auf seiner Vorlage hat und zuerst entdeckt, erhält die Bildkarte, um sie mit der Bildseite nach oben auf das gleiche Motiv des Spielplans zu legen. Der Reihe nach im Uhrzeigersinn decken die Kinder je eine weitere Bildkarte auf, formulieren Sätze zum Motiv und ordnen die Karte dem gleichen Motiv auf dem Spielplan zu.

Das Kind, das zuerst drei Motive nebeneinander in waagrechter, senkrechter oder diagonaler Richtung belegen kann, ist Sieger. Nach Absprache hat ein Kind auch dann gewonnen, wenn es ihm gelingt, vier Bilder im Quadrat oder in eine waagrechte Reihe auf den Spielplan zu legen.

Spiel 2: Welt der Gegensätze – Zuordnungsspiel

Anzahl der Spieler: 2 – 4

Spielziel:

- Gegensätze finden bei prädikativem Einsatz der Adjektive

Material:

- Farbige Gegenteil- und Grundformkarten aus 12 Quartetten (je nach Konzentration anpassbar)

Info zu den Antonymen

Die Spielleiterin fragt z.B. nach Sommer und Winter und erklärt die gegensätzlichen Adjektive: „warm und kalt“. Die Kinder schauen sich im Raum um und suchen nach weiteren Gegensätzen, z.B.:

„Die Wand ist rau, die Fliese ist glatt.“

„Deine Haare sind lang, meine Haare sind kurz.“

Spielablauf

Alle Karten sind gut gemischt und liegen einzeln mit der Bildseite nach unten auf dem Tisch.

Die Spielleiterin beginnt, deckt eine Karte auf und beschreibt das Bild, z.B.: *„Der Pirat ist arm.“* Die aufgedeckte Karte bleibt offen liegen. Der Reihe nach im Uhrzeigersinn decken die Kinder auf gleiche Weise je eine weitere Karte auf. Will es der Zufall, dass zwei Karten, die ein Gegensatzpaar zeigen, offen auf dem Tisch liegen, darf das Kind, das die Partnerkarte mit dem Gegenteil aufgedeckt hat, die beiden Karten mit den Gegensätzen behalten. Es benennt die Gegensätze, ggf. mit Hilfe der Spielleiterin, z.B.: *„Der Pirat ist arm. Der andere Pirat ist reich.“* Die Kartenpaare legt es neben sich auf einen Stapel. Das Spiel endet, wenn alle Kartenpaare gefunden wurden. Das Kind mit den meisten Kartenpaaren gewinnt.

Tipp: Mit den Grundform- und Gegensatzkarten kann auch das altbekannte Memo gespielt werden. Die Kinder formulieren Sätze zu den Motiven wie oben beschrieben.

Spiel 3: Rätselspiel zu den Eigenschaften

Anzahl der Spieler: 2 - 4

Spielziel:
- Frage- und Antwortsätze bilden bei prädikativer Verwendung der Adjektive

Material:

- Farbige Grundform- und Gegensatzkarten aus 8 Quartetten
- Bildkarten der entsprechenden Kopiervorlagen (Karten auseinanderschneiden)
- 1 Muggelstein je Spieler

Spielablauf

Jedes Kind erhält einen anders farbigen Muggelstein. Die farbigen Grundform- und Gegenteilkarten liegen mit der Bildseite nach oben auf dem Tisch verteilt. Die dazu passenden Karten der Kopiervorlage befinden sich gut gemischt mit der Bildseite nach unten auf einem Stapel.

Die Spielleiterin beginnt, hebt die erste Karte vom Stapel ab, ohne diese den Kindern zu zeigen. Sie beschreibt das Motiv mit möglichen Adjektiven, z.B.:

„Findest du etwas, das klein, flach und leicht ist?“ (Der Brief)

„Findest du etwas, das nicht klein und leicht ist?“ (Das Paket)

„Siehst du etwas, das groß und stark ist?“ (Die Katze)

„Ich sehe etwas, das ist kurz. Es besteht aus wenigen, runden Teilen.“ (Die Kette)

Das Kind, das zuerst seinen Muggelstein auf das passende farbige Bild legt, erhält die **kopierte** Bildkarte vom Stapel und sagt (ggf. mit Hilfe der Spielleiterin) z.B.:

„Der Brief ist klein, flach und leicht.“

„Das Paket ist groß und schwer.“ oder
„Das Paket ist nicht klein und leicht.“

„Die Katze ist groß und stark.“

„Die Kette ist kurz.“

Das Spiel ist beendet, wenn alle kopierten Karten erraten sind. Wer die meisten Bildkarten besitzt, hat gewonnen.

Tipp: Je genauer das Bild mit Hilfe weiterer Eigenschaftswörter erklärt wird, umso leichter können die Kinder das Motiv unter den farbigen Bildern finden, vor allem wenn ein Adjektiv mehreren Motiven zugeordnet werden kann und so mehrere Bilder einer Beschreibung entsprechen z.B.: *„Siehst du etwas, das groß ist?“* Das Adjektiv passt auf das Paket, die Katze und das Schiff. Dasjenige Kind, das seinen Muggelstein auf das richtige farbige Motiv legt, das der kopierten Bildkarte tatsächlich entspricht, erhält die kopierte Karte.

Spiel 4: Drei gewinnt - Drei Bildkarten und ein Gegensatz

Anzahl der Spieler: 2 - 4

Spielziel:
- Prädikative Verwendung des Gegensatzes zu drei alternativen Motiven/Bildkarten

Material:

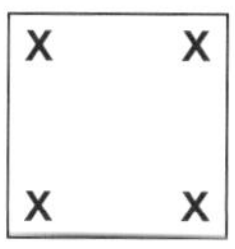

- 8 komplette Quartette (farbige Bildkarten)
- 5 Muggelsteine einer Farbe je Spieler

Spielvorbereitung

Die Kinder sitzen am Tisch, wird mit 2 Kindern gespielt, sitzen beide nebeneinander. Jedes Kind wählt 5 Muggelsteine einer Farbe.

Alle Gegensatzkarten werden herausgesucht und mit der Bildseite nach unten auf einen Stapel in die Mitte des Tisches gelegt. Die übrigen Karten der Quartette, also Grundformen, Komparative und Superlative, liegen ebenfalls gut gemischt mit der Bildseite nach unten auf einem größeren Stapel, der zunächst zur Seite gelegt wird.

Die Spielleiterin deckt eine Karte des Stapels mit den Gegensatzkarten auf und formuliert einen kurzen Satz mit dem passenden Adjektiv (z.B. *„Das Vogelbaby ist klein.“*) Sie legt die Bildkarte mit der Bildseite nach oben auf den Tisch. Der Reihe nach im Uhrzeigersinn verfahren die Kinder auf gleiche Weise mit den Gegensatzkarten und formulieren Sätze dazu.

Beim Aufdecken werden die Karten kreisförmig, mit den Motiven zu den Kindern hin, ausgelegt. So haben alle vier Kinder zumindest einen Teil der Karten mit der Motivansicht in der richtigen Position unmittelbar vor sich liegen. Wird mit zwei Kindern gespielt, die nebeneinander sitzen, werden auch die Karten nebeneinander in einer Reihe auf den Tisch gelegt.

Spielablauf

Die Spielleiterin zieht nun vom größeren Stapel mit den Grundform-, Komparativ- und Superlativkarten eine Karte (alle drei Adjektivformen werden in diesem Spiel als Gegensatzkarten zu den mit der Bildseite nach oben liegenden Bildkarten verwendet) und formuliert einen Satz mit einem passenden Adjektiv zum Motiv, z.B.: *„Die Katze ist groß.“*. Sie ordnet ihre Karte der richtigen Karte im Bilderkreis/in der Bilderreihe zu und legt sie außerhalb des Kreises/oberhalb der Bilderreihe offen zum passenden Motiv, zu dem sie das Gegenteil bildet. Im Laufe des Spiels entsteht so ein Außenkreis/entstehen so 2 Reihen. Die Spielleiterin formuliert nun einen Satz zum Gegensatzpaar, z.B.: *„Das Vogelbaby ist klein und die Katze ist groß.“* Das Kind zur Linken ist an der Reihe, ordnet auf gleiche Weise eine Bildkarte zu und formuliert Sätze, in denen Gegenteile kontrastiert werden.

Werden die beiden anderen Motive des Adjektivquartetts gezogen, werden sie ebenfalls als Gegensatzkarte der richtigen Karte zugeordnet und an die entsprechende Stelle im Außenkreis/über der ersten Reihe auf eine dort bereits liegende Karte gelegt. Die Steigerungsformen bleiben unerwähnt. Sobald ein Kind eine dritte Bildkarte einem Gegenteil zuordnen konnte, schiebt es die Karten auseinander und formuliert zu allen drei Motiven die passenden Sätze, z.B.: *„Das Vogelbaby ist klein. Die Katze, der Hund und das Pferd sind groß.“* Beim Paket, das sich nur in der Größe unterscheidet, sagt das Kind: *„Der Brief ist klein, die drei Pakete sind groß.“* Zum Schluss schiebt es die drei Karten wieder zusammen und legt einen seiner farbigen Muggelsteine darauf.

Das Spiel ist zu Ende, wenn alle Karten zugeordnet sind. Das Kind, das vor Spielende keinen Muggelstein mehr besitzt, schaut bis zum Schluss aufmerksam zu. Das Kind, das die meisten Kartenstapel mit seinen Muggelsteinen besetzt hat, ist Sieger.

Variante:

Das Kind, das die dritte Karte zur Gegensatzkarte zuordnet, darf die drei Karten nicht auseinanderschieben, sondern muss sich an die verdeckten Motive erinnern, um den Kartenstapel mit einem Muggelstein belegen zu können.

Spiel 5: Duelino – Strategiespiel zum Komparativ

Anzahl der Spieler: 2 – 4

Spielziel:
- Prädikative Verwendung der Grundform und des Komparativs (Spielvorbereitung)
- Prädikative Verwendung oder attributive Verwendung im Nominativ, wahlweise im Akkusativ (Spielablauf)

Material:

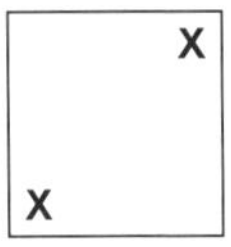

Für die Spielvorbereitung:
- 24 farbige Grundformkarten
- 24 farbige Komparativkarten

Für den Spielablauf:
- Spielplan 1 und 2 (Grundformen) (zu einem großen Spielplan zusammengelegt)
- 24 farbige Komparativ-Bildkarten für den großen Spielplan
- 1 Spielfigur je Spieler
- 6er-Würfel

Info zu Grundform und Komparativ

Vergleiche finden im Leben täglich statt. Auch Kinder vergleichen sich laufend. Beim Fangenspielen ist der eine schneller als der andere. Das eine Kind ist größer bzw. kleiner als das andere, hat aber vielleicht die größeren Füße. Die Schwester ist älter, der Bruder ist jünger. In diesem Spiel werden die Motive auf den Bildern verglichen.

Spielvorbereitung (Kennenlernen der 1. Steigerung)

Die Grundformkarten werden mit der Bildseite nach oben, in sechs Reihen zu je vier Karten nebeneinander auf den Tisch gelegt. Die Komparativkarten liegen gemischt, mit der Bildseite nach unten auf einem Stapel.

Die Spielleiterin nimmt die oberste Komparativkarte vom Stapel, sucht die dazu passende Grundformkarte und legt beide vor sich auf den Tisch. Sie vergleicht die Motive und formuliert einen einfachen Satz mit dem passenden Adjektiv, z.B.:

„Das Gartenhaus ist älter als das andere.“

„Das Polizeischiff ist größer als das Segelboot.“

„Das Segelboot ist kleiner als das Polizeischiff.“

Das Kind, das links neben der Spielleiterin sitzt nimmt eine Karte vom Stapel und verfährt in gleicher Weise wie die Spielleiterin. Auf diese Weise lernen die Kinder den Komparativ zu den Adjektiven in der Grundform kennen.

Spielablauf

Die Spielpläne 1 und 2 werden zu einem großen Spielplan zusammengelegt. Jedes Kind stellt seine Spielfigur an eine Ecke außerhalb des Spielplans (Start). Die Komparativkarten liegen mit der Bildseite nach oben auf dem Tisch verteilt.

Das jüngste Kind beginnt und würfelt. Es zieht seine Spielfigur so viele Felder weiter, wie der Würfel Augen zeigt. Es darf senkrecht und waagrecht ziehen und auch während eines Zuges beliebig oft die Richtung ändern. Jedoch ist es verboten, diagonal von einem Bild zum nächsten zu ziehen.

Das Kind formuliert je nach sprachlicher Aufgabenstellung einen Satz zum Motiv auf dem Feld, auf das es mit seiner Spielfigur gelangt ist, z.B.:

> *„Die Kette ist lang.“*
> (Prädikative Verwendung des Adjektivs)
>
> *„Das ist die lange Kette.“*
> (Attributive Verwendung im Nominativ)
>
> *„Ich sehe eine lange Kette und suche die längere Kette.“* (Attributive Verwendung im Akkusativ)

Dann sucht es aus den auf dem Tisch liegenden Bildern das Komparativmotiv heraus und sagt z.B.:

> *„Die/Diese Kette ist länger als die andere.“*
>
> *„Das ist die längere Kette.“*

Es legt die Komparativkarte mit der längeren Kette mit der Bildseite nach oben vor sich auf den Tisch.

Das Kind zur Linken ist an der Reihe, würfelt, zieht seine Figur und besetzt möglichst ein Feld, das noch kein anderes Kind vor ihm besucht hat und zu dem es noch eine Komparativkarte auf dem Tisch finden kann. Kann es keine Steigerung finden oder formuliert es einen falschen Satz, z.B. *„Die Katze ist klein.“*, und es gibt kein kleineres, sondern nur das größere Tier, kann es sich keine Bildkarte nehmen und der linke Nachbar ist an der Reihe. Es wird gespielt, bis keine Karten mehr auf dem Tisch liegen. Sieger ist das Kind mit den meisten Komparativkarten.

Varianten:

Beim Spielen mit nur einem Spielplan und den passenden zwölf Komparativkarten wird der 3er-Würfel verwendet. Für Spielplan 1 alle Grundform- und Komparativkarten mit schwarzer Form unten links verwenden, für Spielplan 2 alle Grundform- und Komparativkarten mit weißer Form unten links nehmen.

Die Spielvorlage eignet sich auch für das Spiel mit den Gegensätzen. Statt mit den Komparativkarten wird mit den Gegensatzkarten zu den Grundformen auf den Spielplänen gespielt.

Spiel 6: Duo – Komparativspiel

Anzahl der Spieler: 2 – 4

Spielziel:

- Prädikative Verwendung der Grundform und des Komparativs

Material:

- Farbige Grundform- und Komparativkarten
  - aus 12 Quartetten (bei 2 Spielern)
  - aus 24 Quartetten (bei 3 – 4 Spielern)

Spielablauf

Die Karten werden gut gemischt. Jedes Kind erhält zwei Karten, die es mit der Bildseite nach oben vor sich auf den Tisch legt. Die übrigen Karten liegen mit der Bildseite nach unten auf einem Stapel in der Tischmitte. Die Kinder ziehen abwechselnd Karten vom Stapel und sammeln Kartenpaare, die aus der Grundform des Adjektivs und dem Komparativ bestehen. Ein Kind beginnt. Folgende Spielregeln sind dabei zu beachten:

- ➪ Liegt bereits zufällig ein zusammenpassendes Kartenpaar vor ihm, formuliert es einen kurzen Satz zu den Motiven auf beiden Karten, z.B.:

  „Der Föhn ist leiser als der Bohrer.“

  Es legt beide Karten neben sich auf einen Stapel und darf (da es keine Karten mehr vor sich liegen hat) gleich **zwei neue Karten** vom Stapel in der Tischmitte ziehen, die es erneut mit der Bildseite nach oben vor sich auf den Tisch legt. Das Kind darf solange zwei Karten ziehen und ablegen, bis es kein zusammengehörendes Kartenpaar mehr vor sich liegen hat. Der Spielzug ist damit beendet, und der linke Nachbar ist an der Reihe.

- ➪ Besitzt das Kind, das an der Reihe ist, jedoch keine Karten, die zusammengehören, darf es bevor es eine Karte vom Kartenstapel zieht, bei den Mitspielern nach einem passenden Motiv zu einer seiner Karten schauen. Hat es z.B. das volle Glas mit Murmeln vor sich liegen und der Mitspieler das vollere Glas, fragt es:

„Gibst du mir bitte dein Glas?"

Das Kind erhält das Bild mit dem Glas und formuliert (ggf. mit Hilfe der Spielleiterin) einen passenden Satz, z.B.:

„Dein (mein) Glas ist voller als mein (dein) Glas.", oder

„Das Glas ist voller als das andere."

Es legt das Kartenpaar auf seinen Kartenstapel und beide, das Kind, das die Karte erfragt hat und das Kind, das seine Karte hergeben musste, ziehen zum Abschluss **eine Karte** vom Kartenstapel, um wieder zwei Karten vor sich liegen zu haben. Der linke Nachbar ist an der Reihe.

➪ Kann ein Kind, das an der Reihe ist, weder bei sich noch bei den anderen Kindern ein passendes Motiv für ein Kartenpaar finden, darf es nur **noch eine weitere Karte** ziehen (es kann dadurch im Spielverlauf vorübergehend mehr Karten besitzen als andere Kinder) und mit dieser Karte wie beschrieben nach einem Kartenpaar suchen. Gelingt dies nicht, ist sein Spielzug zu Ende und der linke Nachbar ist an der Reihe.

Grundsätzlich gilt nach Ablegen eines Kartenpaares:

a.) Zwei Karten werden nur dann vom Stapel gezogen, wenn ein Kind keine Karten mehr vor sich liegen hat, damit es weiter mitspielen kann.

b.) Nur dasjenige Kind zieht eine Karte vom Stapel, das weniger als zwei Karten besitzt, um wieder zwei Karten vor sich liegen zu haben.

Der Reihe nach im Uhrzeigersinn sammeln die Kinder solange Kartenpaare, bis alle Karten in den Stapeln der Kindern liegen. Das Kind mit den meisten Kartenpaaren/dem höchsten Kartenstapel hat gewonnen.

Spiel 7: Triolino – Spiel zu Grundform, Komparativ und Superlativ

Anzahl der Spieler: 2 – 4

Spielziel:

- Zuordnen der Adjektivformen (Grundform, Komparativ, Superlativ) zu den Symbolen
- Prädikative Verwendung des Adjektivs

Material:

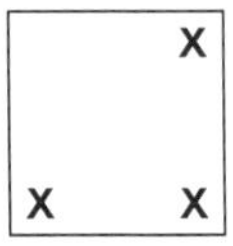

- Farbiger Spielplan 3
- Kopiervorlagen von Spielplan 3 (je nach Anzahl der Spieler)
- Grundform-, Komparativ- und Superlativkarten aus 12 Quartetten

Info zu Grundform, Komparativ und Superlativ mit ihren Symbolen

Den Kindern kann die 1. und 2. Steigerungsform durch drei unterschiedlich hohe Kartenstapel demonstriert werden. Die Spielleiterin teilt alle Bildkarten auf drei unterschiedlich hohe (verdeckte) Kartenstapel auf und fragt die Kinder: *„Worin unterscheiden sich die Kartenstapel?"* Mit den Kindern wird besprochen, dass es neben dem ersten Stapel einen höheren und einen höchsten Stapel gibt. Der höhere Stapel enthält mehr Karten als der erste Stapel, und der höchste Stapel besteht aus den meisten Karten.

Die Spielleiterin erklärt die Symbole der Steigerungsformen anhand der Stapel:

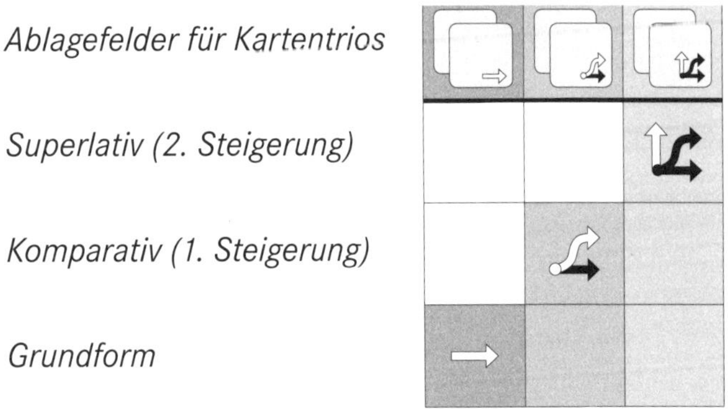

Spielplan 3

Spielvorbereitung

Jedes Kind erhält einen Spielplan (Farbe oder Kopie), den es vor sich auf den Tisch legt. Alle Karten werden mit der Bildseite nach oben auf dem Tisch verteilt. Gemeinsam werden zuerst die Grundformkarten, danach die Komparativkarten herausgesucht und getrennt gut gemischt auf je einen Stapel mit der Bildseite nach unten in die Tischmitte gelegt. Die verbleibenden Superlativkarten werden mit der Bildseite nach oben in drei Viererreihen neben die beiden Kartenstapel ausgelegt.

Spielablauf

Die Spielleiterin beginnt, zieht die oberste Karte vom Grundformstapel, sagt z.B. *„Die Kette ist lang.",* und legt die Karte mit der Bildseite nach oben auf die linke unterste Stufe ihres Spielplans. Der Reihe nach im Uhrzeigersinn legt jedes Kind in gleicher Weise eine Grundformkarte auf die unterste Stufe des eigenen Spielplans (Feld mit einfachem Pfeil).

In der zweiten Runde deckt die Spielleiterin dann eine Karte des Komparativstapels auf, benennt die Eigenschaft in einem kurzen Satz und schaut, ob die erste Steigerung zufällig der Karte auf dem eigenen Spielplan zugeordnet werden kann.

➪ Passt eine Steigerung nicht zur Grundform, wird die Komparativkarte außerhalb des eigenen Spielplans in der Tischmitte mit der Bildseite nach oben gelegt (weitere nicht passende Komparativkarten werden dort im Verlauf des Spiels in einer Reihe abgelegt). Das Kind zur Linken ist an der Reihe und verfährt wie die Spielleiterin.

➪ Passt die Komparativkarte zur Grundformkarte, wird diese im eigenen Spielplan rechts der Grundformkarte eine Stufe höher gelegt (Feld mit zweifachem Pfeil), die dazugehörige Superlativkarte aus den ausgelegten Viererreihen in der Tischmitte herausgesucht und auf die oberste, dritte Treppenstufe gelegt (Feld mit dreifachem Pfeil). Das Trio ist komplett. Die Bilder werden verglichen und Sätze mit der Grundform sowie den beiden Steigerungsformen gebildet, z.B.:

„Der/Dieser Bogenschütze ist gut, der/dieser Bogenschütze ist besser und der/dieser Bogenschütze ist am besten.“

„Das Buch ist spannend, der Film ist spannender und die Safaritour ist am spannendsten.“

Mit jedem Satz wird die jeweilige Karte auf das entsprechende gelbe Ablagefeld am oberen Spielplanrand gelegt. Abschließend wird eine neue Grundformkarte gezogen und für die nächste Runde ins leere Grundformfeld gelegt. Das Kind zur Linken ist an der Reihe.

➪ Liegen bereits aufgedeckte Komparativkarten in der Tischmitte, muss das Kind, bevor es eine Bildkarte vom Komparativstapel zieht, schauen, ob eine dieser Komparativkarten zu seiner Grundformkarte passt. Kann die Komparativkarte zugeordnet werden, legt es diese wie gehabt auf die zweite Stufe ins Komparativfeld, ordnet die Superlativkarte zu, spricht Sätze zu den Motiven mit den Steigerungen und legt das erworbene Trio wie beschrieben ab.

Das Spiel endet, wenn alle Karten auf den Ablagefeldern am oberen Spielfeldrand liegen. Wer die meisten Trios sammeln konnte, hat gewonnen.

Spiel 8: Das Spiel der Superlative

Anzahl der Spieler: 2 – 4

Spielziel:

- Prädikative Verwendung des Adjektivs im Aussagesatz
- Fragesätze mit attributiver Verwendung der Adjektive im Superlativ
- Antwortsätze mit attributiver Verwendung wahlweise im Nominativ oder Akkusativ
- Gedächtnistraining

Material:

- Spielplan 1 oder 2 (Grundformen)
- Komparativ- und Superlativkarten aus 12 Quartetten
  - zu Spielplan 1 mit schwarzen Formen
  - zu Spielplan 2 mit weißen Formen

Spielablauf

Die Superlativkarten werden gemischt und mit der Bildseite nach unten (kreisförmig) um den Spielplan gelegt. Die Komparativkarten liegen mit der Bildseite nach unten auf einem Stapel daneben.

Die Spielleiterin deckt eine Komparativkarte auf (z.B. die Skatebordfahrerin, die besser fährt) und legt sie, mit der Bildseite nach oben, rechts neben den Stapel und formuliert einen Satz/Vergleich. Sie sagt z.B.:

„Die/diese Skateboardfahrerin ist besser als die gute/andere Skateboardfahrerin.“,

deutet auf die gute Skateboardfahrerin auf dem Spielplan und sagt dann z.B.:

„Ich suche die beste Skateboardfahrerin.“

„Wo ist die beste Skateboardfahrerin?“

Sie deckt eine im Kreis liegende Superlativkarte auf.

➪ Findet sie zufällig die Skateboardfahrerin im Superlativ, sagt sie: *„Ich habe die beste Skateboardfahrerin gefunden.“*, oder *„Das ist die beste Skateboardfahrerin.“* Sie erhält die Komparativ- und die Superlativkarte und beginnt, damit einen Kartenstapel vor sich zu bilden.

➪ Deckt sie eine nicht passende Superlativkarte auf z.B. das teuerste Spielzeug/das Schiff, sagt sie: *„Das ist das teuerste Spielzeug/Schiff. Die Karte passt nicht.“* Sie deckt die Bildkarte mit dem teuersten Spielzeug/Schiff an der gleichen Stelle im Kreis wieder zu. Jeder Spieler versucht sich zu merken, wo die Superlativkarte, hier das Piratenschiff, liegt. Die Komparativkarte bleibt neben dem Stapel liegen.

Das Kind zur Linken ist an der Reihe, zieht eine neue Karte vom Komparativstapel und verfährt wie die Spielleiterin.

➪ Sind alle Komparativkarten aufgedeckt, werden die Karten des Ablagestapels (sofern noch vorhanden) wieder mit der Bildseite nach unten auf einen Stapel gelegt. Je nach Gedächtnisleistung der Kinder muss der Komparativstapel mehrmals gewendet werden.

Die Kinder sammeln wie beschrieben Komparativ- und Superlativkarten, bis die letzte Komparativ- und Superlativkarte aufgedeckt und Sätze gebildet wurden. Das Kind mit den meisten Karten ist Sieger.

Spiel 9: Domino – ‚Anders als, aber gleich wie!‘

Anzahl der Spieler: 2 - 4

Spielziel:
- Vergleiche ziehen mit prädikativer Verwendung der Adjektive: „Anders als - genauso wie!“

Material:
- Dominokarten 1 und 2 (alle 24)

Spielablauf

Die Dominokarten werden an die Kinder verteilt:
- bei 4 Spielern 3 Karten je Spieler
- bei 3 Spielern 4 Karten je Spieler
- bei 2 Spielern 6 Karten je Spieler

Die Kinder legen die Karten mit der Bildseite nach oben vor sich auf den Tisch. Die übrigen zwölf Dominokarten liegen mit der Bildseite nach unten verdeckt in einem Stapel. Die erste Dominokarte des Stapels wird aufgedeckt und mit der Bildseite nach oben in die Tischmitte gelegt.

Die Spielleiterin erklärt, dass die Dominokarte zwei offene Enden besitzt, an denen angelegt werden kann. Anders als beim klassischen Dominospiel sind die Motive, die an ein Domino-Ende angelegt werden, nicht immer ganz gleich, sondern können sich auch verändern. Sie werden z.B. kleiner oder größer, länger oder kürzer als das Ausgangsmotiv. Entsprechend müssen Sätze gebildet werden, in denen die Motive miteinander verglichen werden.

Sind zwei Dinge z.B. unterschiedlich groß, lautet der Satz z.B.: *„Das eine Paket ist größer* ***als*** *das andere.“* Will das Kind ein gleiches Motiv anlegen, so heißt es z.B.: *„Das Paket ist genauso groß* ***wie*** *das andere.“*

Die Spielleiterin fragt zu Spielbeginn: *„Wer kann eine Dominokarte anlegen, die zur Dominokarte in der Tischmitte passt?“* Das Kind, das sich zuerst meldet, darf seine Dominokarte einem Motiv einer Dominoseite zuordnen, um die Dominostraße zu beginnen.

Bei jedem Anlegen formulieren die Kinder Sätze, z.B.:

„Das Glas ist voller als das andere.“

„Das Piratenschiff ist teurer als das Polizeischiff.“

„Das Segelboot ist billiger als das Polizeischiff.“

„Das Polizeischiff ist genauso teuer wie das andere Polizeischiff.“

➪ Kann eine Dominokarte **zu Spielbeginn** nicht an die Ausgangskarte angelegt werden, wird sie unter den Dominostapel gelegt. Die Anfangskarte wird solange durch eine gezogene Karte aus dem Stapel ausgetauscht, bis ein Kind ein passendes Motiv auf seinen Karten entdeckt, sich schneller als die anderen bemerkbar macht und damit das Spiel beginnen darf. Kann es **eine** seiner Dominokarten anlegen, zieht es eine neue Dominokarte vom Stapel, und das Kind zur Linken ist an der Reihe.

Im weiteren Spielverlauf gilt:

➪ Jedes Kind darf nur eine seiner Karten an eines der offenen Enden der Dominostraße anlegen, sofern es ein passendes Motiv vor sich liegen hat. Nach jedem Spielzug (Anlegen) wird ebenfalls immer nur eine Dominokarte vom Stapel gezogen und der linke Nachbar ist an der Reihe.

➪ Wenn ein Kind keine seiner Dominokarten anlegen kann, zieht es eine neue Dominokarte vom Stapel. Passt auch von dieser Dominokarte kein Motiv an eines der beiden Enden der Dominostraße, ist sein Spielzug beendet. Das Kind besitzt nun eine Dominokarte mehr. Der linke Nachbar ist an der Reihe.

- ➪ Liegen keine Dominokarten mehr auf dem Stapel, dürfen die Kinder der Reihe nach noch ihre verbliebenen Dominokarten wie beschrieben zuordnen. Hat ein Kind keine passende Karte mehr, muss es aussetzen und der linke Nachbar ist an der Reihe.

Das Spiel endet, wenn alle Dominokarten zu einer Straße gelegt wurden. Das Kind, das zuerst alle seine Dominokarten anlegen konnte, ist der Gewinner.

Spiel 10: Quartettino – Einfaches Wortschatzspiel

Anzahl der Spieler: 2 – 4

Spielziel:

- Zuordnen der Adjektivformen (Gegensatz, Grundform, Komparativ, Superlativ) zu den Symbolen
- Prädikative Verwendung des Adjektivs
- Attributiver Gebrauch des Adjektivs im Akkusativ

Material:

- Farbiger Spielplan 4
- 8 komplette farbige Quartette

Spielvorbereitung

Die Spielleiterin ordnet gemeinsam mit den Kindern die Karten der Quartette nach den Positionen der Formen (Gegenteil/oben links; Grundform/oben rechts; Komparativ/unten links und Superlativ/ unten rechts) und bildet vier verschiedene Stapel (Karten mit der Bildseite nach unten). Diese Stapel legt sie auf die gelben Felder unter die entsprechenden Symbole, die sie dabei erklärt.

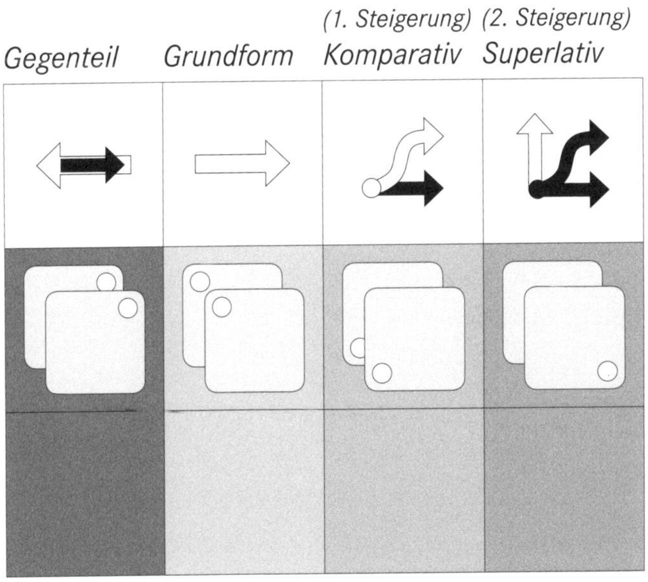

Spielplan 4

Spielablauf

Die Spielleiterin beginnt, nimmt eine Bildkarte vom linken Gegenteilstapel, legt die Karte mit der Bildseite nach oben auf das leere Feld unterhalb des Gegenteilstapels und sagt z.B.: *„Das Glas ist leer. Ich suche das volle Glas."* Dann deckt sie die erste Grundformkarte auf, legt sie mit der Bildseite nach oben auf das leere Feld unter dem Grundformstapel.

- ➪ Passt die Grundformkarte zufällig zum Gegenteil, sagt die Spielleiterin: *„Das Glas ist voll, ich suche das vollere Glas"*, und deckt die oberste Komparativkarte auf. Ist wiederum zufällig das vollere Glas zu sehen, sagt sie: *„Das Glas ist voller, ich suche das vollste Glas."*, und deckt die oberste Superlativkarte auf. Passt zufällig auch die Superlativkarte mit dem vollsten Glas, sagt sie: *„Das Glas ist am vollsten."*, und sie erhält das Quartett, das sie gestapelt vor sich auf den Tisch legt.
- ➪ Passt die Grundformkarte nicht zum Gegenteil, decken der Reihe nach im Uhrzeigersinn die Kinder so lange **je eine** Grundformkarte auf, bis z.B. das volle Glas mit der Bildseite nach oben auf dem Feld neben dem leeren Glas liegt. Das Kind, das das volle Glas aufgedeckt hat, verfährt wie die Spielleiterin (ggf. auch mit ihrer Unterstützung), und sagt: *„Das Glas ist voll, ich suche das vollere Glas."*, und deckt die oberste Komparativkarte auf.
- ➪ Passt die Komparativkarte nicht zur Grundformkarte, decken der Reihe nach im Uhrzeigersinn die Kinder so lange je eine Komparativkarte auf, bis z.B. das vollere Glas mit der Bildseite nach oben auf dem Feld neben dem vollen Glas liegt. Das Kind, das die richtige Komparativkarte aufgedeckt hat, sagt: *„Das Glas ist voller. Ich suche das vollste Glas."*, und deckt eine Superlativkarte auf. Superlativkarten können der Reihe nach nur aufgedeckt werden, wenn die passende Komparativkarte neben der Grundformkarte liegt.

Der Reihe nach im Uhrzeigersinn decken die Kinder also so lange Grundform-, Komparativ- bzw. Superlativkarten auf, bis vier Quartettkarten auf dem Spielplan liegen. Passt die jeweils aufgedeckte Karte zum links liegenden Motiv, wird vom selben Spieler immer gleich danach die Karte vom Stapel mit der nächsten Steigerungsstufe aufgedeckt.

Das Kind, das die passende Superlativkarte aufdeckt, gewinnt das Quartett und legt es in einem Stapel mit der Bildseite nach oben zu sich auf den Tisch.

➪ Immer, wenn ein Kind ein gewonnenes Quartett zur Seite gelegt hat, bereitet es eine neue Spielrunde vor, indem es die auf dem Spielplan verbliebenen aufgedeckten Bildkarten (mit der Bildseite nach unten) wieder zurück auf die Ausgangsstapel der gelben Felder legt, sortiert nach Grundform, Komparativ und Superlativ. Alle Bildkarten liegen somit wieder geordnet nach Adjektivformen auf den gelben Ausgangsfeldern. Dann deckt es gleich wieder eine neue Gegenteilkarte auf, sagt z.B. *„Das Schwein ist dünn, ich suche das dicke Schwein.“*, und beginnt damit die nächste Spielrunde wie beschrieben mit der Suche nach einem weiteren Quartett.

Zum Schluss bleiben vier Bilder eines Quartetts auf dem Spielplan übrig. Das Kind, das an der Reihe ist, erhält das letzte Quartett und formuliert die Sätze zu den Motiven. Das Kind, das die meisten Quartette besitzt, hat das Spiel gewonnen.

Spiel 11: Sonnenspiel - Strahlen legen

Anzahl der Spieler: 2 - 4

Spielziel:
- Erkennen der Reihenfolge Gegensatz, Grundform, Komparativ, Superlativ
- Prädikative Verwendung des Adjektivs

Material:
- 8 komplette Quartette (farbige Bildkarten)
- 5 Muggelsteine einer Farbe je Spieler

Spielablauf

Das Sonnenspiel sollte erst gespielt werden, wenn den Kindern durch Spiel 10 die Quartettkarten bekannt sind.

Die Gegensatzkarten werden gemeinsam mit den Kindern herausgesucht und mit der Bildseite nach oben (Motive nach außen) kreisförmig in die Tischmitte gelegt. Die übrigen Karten kommen, gut gemischt, auf einen Stapel in die Mitte des Kreises.

Der Reihe nach im Uhrzeigersinn ziehen die Kinder immer **eine** Karte, die sie offen vor sich auf den Tisch legen und anschließend versuchen zuzuordnen. Kann die jeweils gezogene Karte nicht wie nachfolgend beschrieben, einer Karte im Kreis zugeordnet werden, bleibt sie vor dem Kind liegen. Zu dieser können dann in nachfolgenden Runden weitere Karten hinzukommen.

➪ Hat das Kind eine Grundformkarte vor sich liegen, ordnet es diese einer Gegensatzkarte zu und legt sie außerhalb des Kreises strahlenförmig an das entsprechenden Motiv an. Das Kind bildet einen Satz, z.B.:

„Der Hocker ist unbequem. Der Korbstuhl (mit Kissen) ist bequem.“

Der linke Nachbar ist an der Reihe.

➪ Hat das Kind, das an der Reihe ist, eine Komparativkarte, und gibt es bereits einen Gegenteil-Grundform-Strahl zu diesem Motiv, kann es an die Grundformkarte anlegen. Es verlängert den Strahl der Sonne und führt den Vergleich sprachlich fort, z.B.: *„Der Korbstuhl (mit Kissen) ist bequem. Der Sessel ist bequemer/Der Sessel ist bequemer als der Korbstuhl.“* Die gleiche Regel gilt für den Superlativ, die Reihenfolge der Steigerungen muss eingehalten werden, z.B. *„Der Korbstuhl (mit Kissen) ist bequem. Der Sessel ist bequemer als der Korbstuhl. Der Sitzsack ist am bequemsten.“*

Jedes Kind, das einen Bilderstrahl mit der Superlativkarte (Gewinnerkarte) abschließen kann, kennzeichnet das Ende des Strahls mit einem Muggelstein seiner Farbe und sagt z.B.:

„Der Stein ist hart und das Moos ist weich. Die Watte ist weicher als das Moos und das Katzenbabyfell ist am weichsten.“

Grundsätzlich gilt:

Eine Karte, die zugeordnet werden kann, muss auch gelegt werden.

Hat das Kind im Laufe des Spiels mehrere Karten vor sich liegen, ordnet es, wenn es an der Reihe ist, solange Karten zu, bis es keine passende Karte mehr besitzt.

Aber aufgepasst: Übersieht ein Kind eine passende Karte oder versucht es eine falsche Karte zuzuordnen (z.B. den Komparativ zu überspringen), muss es, sofern es bereits eine Gewinnerkarte (Superlativkarte) vor sich liegen hat, diese zurückgeben und unter den Kartenstapel mischen oder je nach Absprache an das Kind weitergeben, das den Fehler bemerkt hat.

Wurden alle Bildkarten angelegt, ist eine Bildersonne mit acht Strahlen und acht Muggelsteinen an den Strahlenenden entstanden. Wer die meisten Bilderstrahlen mit einem Muggelstein kennzeichnen konnte, hat gewonnen.

Spiel 12: Quartett - Memo

Anzahl der Spieler: 2 - 4

Spielziel:

- Attributive Verwendung der Adjektive
  - Gegensatz und Grundform im Nominativ
  - Komparativ und Superlativ wahlweise im Nominativ oder Akkusativ
- Gedächtnistraining

Material:

- 8 komplette Quartette (farbige Bildkarten)

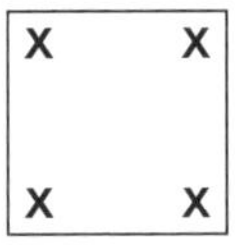

Spielablauf

Alle Gegenteil-, Grundform-, Komparativ- und Superlativkarten werden getrennt, dann gemischt und in vier Reihen zu je acht Karten akkurat nebeneinander auf den Tisch ausgelegt. Die Gegenteilkarten liegen in der ersten (obersten) Reihe mit der Bildseite nach oben. Jeweils mit der Bildseite nach unten liegen die Grundformkarten in der zweiten, die Komparativkarten in der dritten und die Superlativkarten in der vierten (untersten) Reihe. Es muss so viel Platz zwischen den Karten sein, dass die Karten beim Auf- und Zudecken nicht verrutschen.

Die Spielleiterin beginnt und deckt in der zweiten Reihe eine Grundformkarte auf, deutet auf die passende offen liegende Gegenteilkarte und sagt z.B.:

„Das ist die kurze Kette und das ist die lange Kette, ich brauche die längere und die längste Kette.“,

oder

„Das sind die kurze und die lange Kette, wo sind die längere und die längste Kette?“

Dann deckt sie in der dritten Reihe (Komparativkarten) und vierten Reihe (Superlativkarten) je eine weitere Karte auf.

➪ Hat sie zufällig die zu Grundform und Gegensatz gehörenden Quartettkarten aufgedeckt, nimmt sie die vier Karten nacheinander, beginnend mit der obersten Gegensatzkarte, und spricht dazu:

„Das sind die kurze, die lange, die längere und die längste Kette.

Sie stapelt das Quartett vor sich auf dem Tisch. Der linke Nachbar ist an der Reihe.

➪ Hat die Spielleiterin keine oder auch nur eine zu Grundform und Gegensatz passende Quartettkarte aufgedeckt oder deckt sie die zusammengehörende Komparativ- und Superlativkarte eines anderen Quartetts auf, deckt sie diese wieder auf der gleichen Stelle zu. Jeder Spieler versucht sich zu merken, wo die Motive zu einem Quartett versteckt sind. Der linke Nachbar ist an der Reihe und sucht nach einem kompletten Quartett.

Sieger ist das Kind mit den meisten Quartetten.

Spiel 13: Symbolika

Anzahl der Spieler: 2 - 4

Spielziel:

- Wahlweise prädikative, attributive (im Nominativ) oder adverbiale Verwendung des Adjektivs im Satz
- Verwendung des unbestimmten oder bestimmten Artikels vor dem attributiven Adjektiv (die Verwendung des Superlativs verlangt nach dem bestimmten Artikel)

Material:

- Spielplan 5
- 8 komplette farbige Quartette
  - für den prädikativen und attributiven Gebrauch: freie Auswahl der Bildkarten
  - für den adverbialen Gebrauch: alle Bildkarten mit schwarzen und weißen Quadraten (Beispielsätze am Ende der Anleitung)
- 1 Spielfigur
- 3er-Würfel

Spielablauf

Die Grundformkarten werden gemeinsam mit den Kindern aussortiert und mit der Bildseite nach unten auf das quadratische Ablagefeld (Pfeil) des Spielplans gelegt. Die übrigen Karten der Quartette werden mit der Bildseite nach oben um den Spielplan herum verteilt.

Die Spielleiterin stellt die gemeinsame Spielfigur auf das Startfeld (Stern links oben) und bespricht die Bedeutung der Symbole auf den Feldern des Spielplans.

	Joker:	Aufgabe selbst wählen (Gegenteil, 1. oder 2. Steigerung suchen)
	Aussetzer:	aussetzen, keine Karte nehmen!
	Gegenteil:	das Gegenteil suchen
	Komparativ:	1. Steigerung suchen
	Superlativ:	2. Steigerung suchen

Die Spielleiterin entscheidet sich im Vorfeld für ein sprachliches Ziel, z.B. für **die attributive Verwendung** des Adjektivs im Zielsatz. Sie beginnt, zieht die oberste Grundformkarte vom Stapel, legt sie mit der Bildseite nach oben auf das leere Ablagefeld und gibt ein einfaches Satzmuster zur aufgedeckten Bildkarte vor, z.B.:

„Das ist ein spannendes Buch."

Dann würfelt sie mit dem 3er-Würfel und zieht die Spielfigur so viele Felder weiter, wie der Würfel Augen zeigt. Sie löst die geforderte Aufgabe, die das Symbol auf dem Spielplanfeld vorgibt (z.B. Gegensatz bilden), und sucht die passende Gegensatzkarte unter den offen liegenden Quartettkarten. Sie sagt z.B.:

„Das ist ein langweiliges Gespräch/eine langweilige Unterhaltung."

Steht die Figur auf dem Symbol für den Komparativ oder Superlativ, sucht sie auch hier die entsprechende Bildkarte und bildet die Steigerungsform zu dem Satz, den sie zur gezogenen Karte gebildet hat, z.B.:

„Ein Film mit echten Löwen ist ein spanndenderer Film als ein Zeichentrickfilm."

„Das spannendste Erlebnis ist die Löwensafari."

„Die Löwensafari ist die spannendste Safari, die ich mir vorstellen kann."

Die aus den offen ausliegenden Karten gezogene Bildkarte legt sie mit der Bildseite nach oben vor sich auf den Tisch. Die Grundformkarten bleiben auf dem Ablagefeld.

Das Kind zur Linken ist an der Reihe, zieht eine Karte vom Stapel, bildet einen Satz dazu, würfelt und besetzt ein neues Spielfeld, um die Aufgabe auf diesem Feld zu lösen.

- ➪ Findet es die richtige Bildkarte zur gezogenen Grundformkarte und kann es die sprachliche Aufgabe korrekt lösen, erhält das Kind die Bildkarte, die es mit der Bildseite nach oben vor sich auf den Tisch legt.
- ➪ Kann das Kind beim Lösen der geforderten Aufgabe keine Karte unter den offen liegenden Karten finden, darf es nach dem entsprechenden Motiv bei den bereits gewonnen Karten der anderen Kinder suchen und von dem Kind, das diese besitzt, die Herausgabe der Karte fordern.
- ➪ Konnte das Kind die passende Karte nicht finden und die Aufgabe nicht lösen, erhält es keine Karte und der linke Nachbar ist an der Reihe. (Die Spielleiterin entscheidet gemeinsam mit den Kindern, ob diese Regel angewendet werden soll, oder ob sich die Kinder helfen lassen können.)

Ist der Kartenstapel mit den Grundformen auf dem Spielplan abgearbeitet, werden die Karten gemischt und mit der Bildseite nach unten erneut auf das obere Feld mit dem Pfeil gelegt.

Das Spiel endet,
- wenn die Spielfigur am Ziel angelangt ist und die letzte Aufgabe gelöst wurde. Zuviel gewürfelte Augen entfallen.
- wenn unerwartet alle auf dem Tisch liegenden Karten gewonnen wurden, bevor die Spielfigur das Ziel erreicht hat.

Das Kind, das die meisten Karten vor sich liegen hat, hat gewonnen.

Satzbeispiele für eine adverbiale Verwendung der Adjektive:

„Der Postbote trägt leicht/schwer/schwerer/am schwersten."

„Das Vogelbaby piepst schwach/die Katze zieht stark an der Schnur/der Hund zieht stärker an der Leine/das Pferd zieht am stärksten am Zügel."

„Das Ruderboot kostet wenig/das Segelboot kostet viel/das Polizeiboot kostet mehr/das Piratenschiff kostet am meisten."

„Die Computermaus klingt leise/der Föhn klingt laut/der Bohrer klingt lauter/der Presslufthammer klingt am lautesten.

„Das Mädchen steht unsicher auf dem Skateboard/fährt sicher/sicherer/am sichersten mit dem Skateboard.

„Die Frau wandert langsam mit den Stöcken/fährt schnell mit dem Fahrrad/fährt schneller mit dem Auto/fliegt am schnellsten mit dem Flugzeug."

„Der Bogenschütze schießt (zielt) ungenau/schießt (zielt) genau/genauer/schießt (zielt) am genauesten."

„Der Junge sitzt unbequem auf dem Hocker/sitzt bequem auf dem Korbstuhl/sitzt bequemer im Sessel/liegt am bequemsten auf dem Sitzsack."

Spiel 14: Meisterwettlauf – Wer läuft schneller!

Anzahl der Spieler: 2 - 4

Spielziel:
- Adverbiale Verwendung des Adjektivs
- Wahlweise durchgängig für eine Spielrunde auch prädikative oder attributive Verwendung des Adjektivs

Material:
- Spielplan 6
- 1 Spielfigur je Spieler
- 3er-Würfel

Info zur adverbialen Verwendung des Adjektivs

Die Spielleiterin fragt: *„Was macht der Postbote?"* Ein Kind antwortet z.B.: *„Der Postbote trägt das Paket."* Die Spielleiterin erklärt: *„Der Postbote trägt schwer an dem Paket."* Dann deutet die Spielleiterin auf die beiden nächsten Bilder mit den Steigerungen und sagt: *„Der/Dieser Postbote trägt schwerer und der/dieser Postbote trägt am schwersten."*

Spielablauf

Die Kinder stellen ihre Spielfiguren vor das erste Spielfeld neben den Spielplan oben links (Start). Die Spielleiterin beginnt und würfelt. Sie läuft mit ihrer Spielfigur die Anzahl der Felder, die der Würfel vorgibt, und formuliert einen Satz zum Motiv des Feldes, auf das sie gelangt. Dann sucht sie nach dem Feld mit dem Motiv, das die nächste Steigerungsstufe dazu darstellt und stellt ihre Spielfigur auf dieses Feld **(also auf den Komparativ bzw. Superlativ)**. Entsprechend formuliert sie passende Sätze dazu. Sie gelangt z.B. mit ihrer Spielfigur durch eine gewürfelt Eins auf das Motiv mit dem ersten Postboten und sagt: *„Der Postbote trägt schwer."* Ohne zu würfeln stellt die Spielleiterin ihre Spielfigur auf den nächsten Postboten (Komparativmotiv) und sagt z.B.: *„Der zweite Postbote trägt schwerer als der erste."*. Dann ist das Kind links neben ihr an der Reihe, das ebenso verfährt.

Folgende Regeln sind dabei zu beachten:

➪ Kommt ein Kind **ohne erneutes Würfeln** bei seinem zweiten Zug, also auf der Suche nach dem Feld mit der nächsten Steigerungsstufe, mit der Spielfigur auf ein bereits besetztes Feld, vertreibt es seine Gegner, deren Spielfiguren zurück auf die vorherige Steigerungsstufe müssen (**Achtung:** gilt nicht für den ersten Zug nach dem Würfeln – Hier spielt es wiederum keine Rolle, ob dieses besetzt ist oder nicht).

➪ Besetzt ein Kind mit seiner Spielfigur **nach dem Würfeln** durch seinen Spielzug ein Superlativbild, kann es keine Steigerung mehr finden und bleibt mit seiner Spielfigur ggf. gemeinsam mit anderen Spielfiguren auf dem Superlativfeld stehen. (**Achtung:** Die Spielfigur eines anderen Kindes, die dieses Superlativbild besetzt, kann, wie oben beschrieben, mit dem Zug nach dem Würfeln jetzt nicht verjagt werden!). Das Kind zur Linken ist an der Reihe.

Das Kind, das mit seiner Spielfigur das Zielfeld mit dem gemütlichen Sitzsack zuerst erreicht hat, ist der Gewinner und kann nicht mehr verjagt werden. Zuviel gewürfelte Würfelaugen verfallen. Das Spiel ist beendet.

Satzbeispiele für die adverbiale Verwendung der Adjektive:

„Der Postbote trägt schwer (schwerer, am schwersten).“

„Das Mädchen gräbt ihr Sandloch tief (tiefer, am tiefsten).“

„Die Katze zieht stark an der Schnur. (Der Hund zieht stärker an der Leine. Das Pferd zieht am stärksten am Zügel.)“

„Der Bogenschütze schießt genau (genauer, am genauesten).“

„Die Frau fährt schnell mit dem Fahrrad (fährt schneller mit dem Auto, fliegt am schnellsten mit dem Flugzeug).“

„Das Mädchen fädelt fleißig die Kette auf (fädelt fleißiger die Kette auf, fädelt am fleißigsten die Kette auf).

„Der Junge auf dem Baumstamm balanciert gut. (Der Junge auf dem Schwebebalken balanciert besser. Der Junge auf dem Seil balanciert am besten.)“

„Der Junge sitzt bequem auf dem Korbstuhl. (Der Junge sitzt bequemer im Sessel. Der Junge liegt am bequemsten auf dem Sitzsack.)“

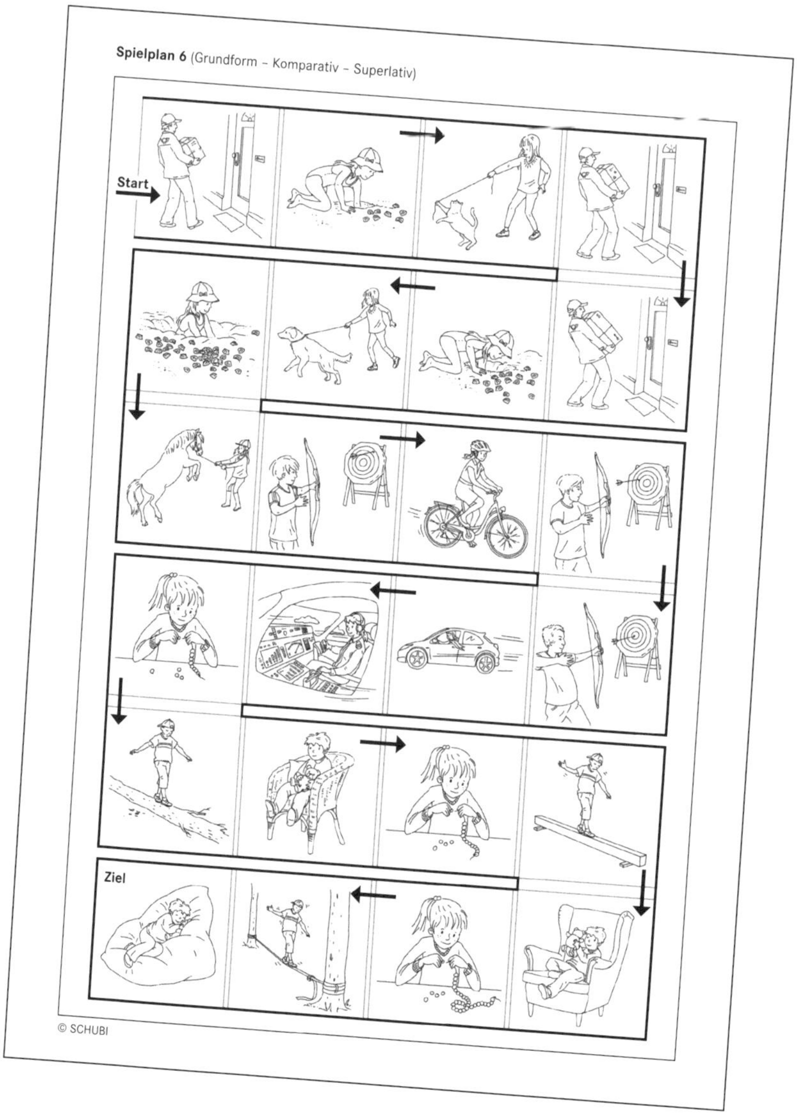

Bildkarten 1 (Gegenteil – Grundform – Komparativ – Superlativ)

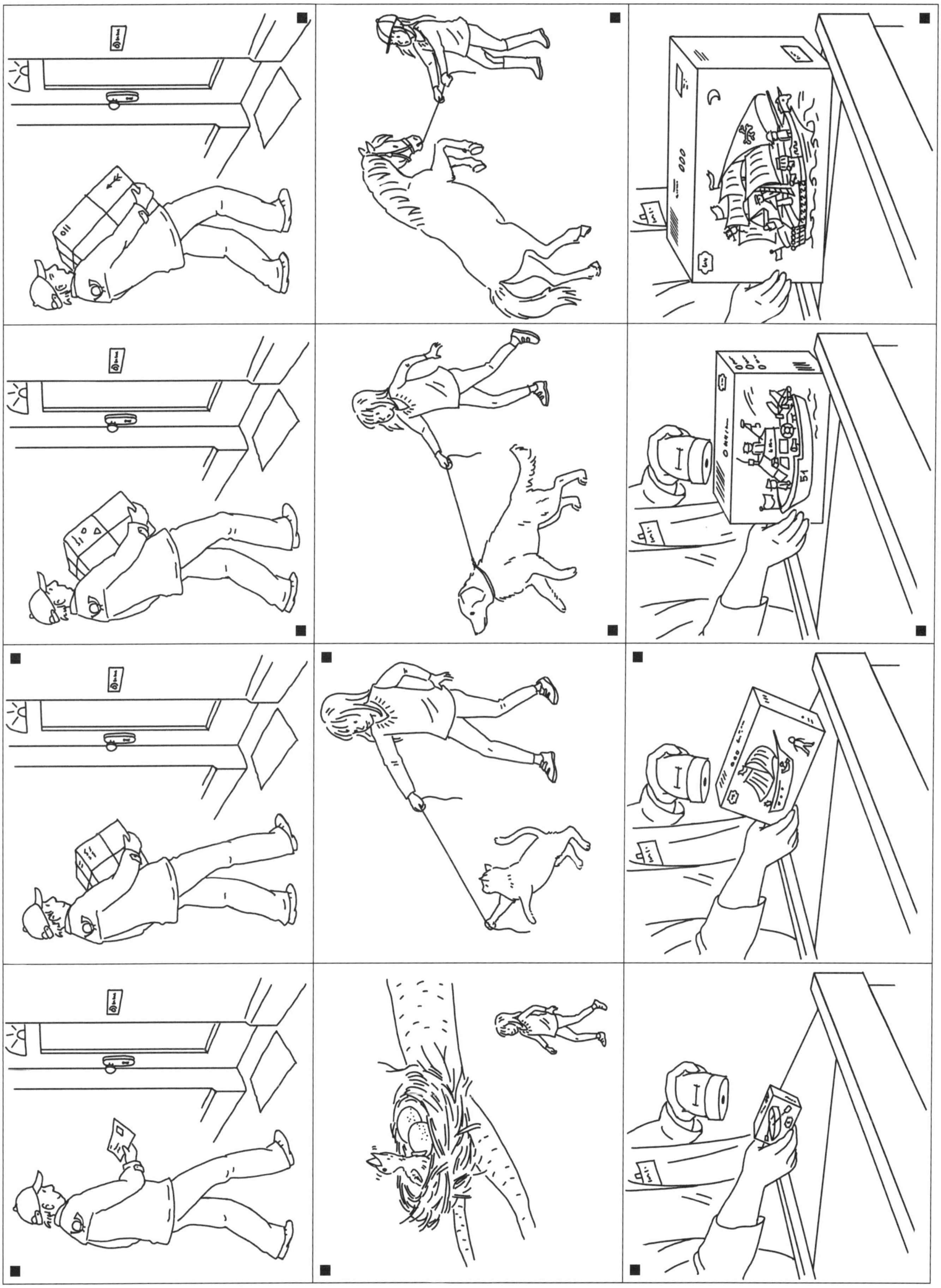

Bildkarten 2 (Gegenteil – Grundform – Komparativ – Superlativ)

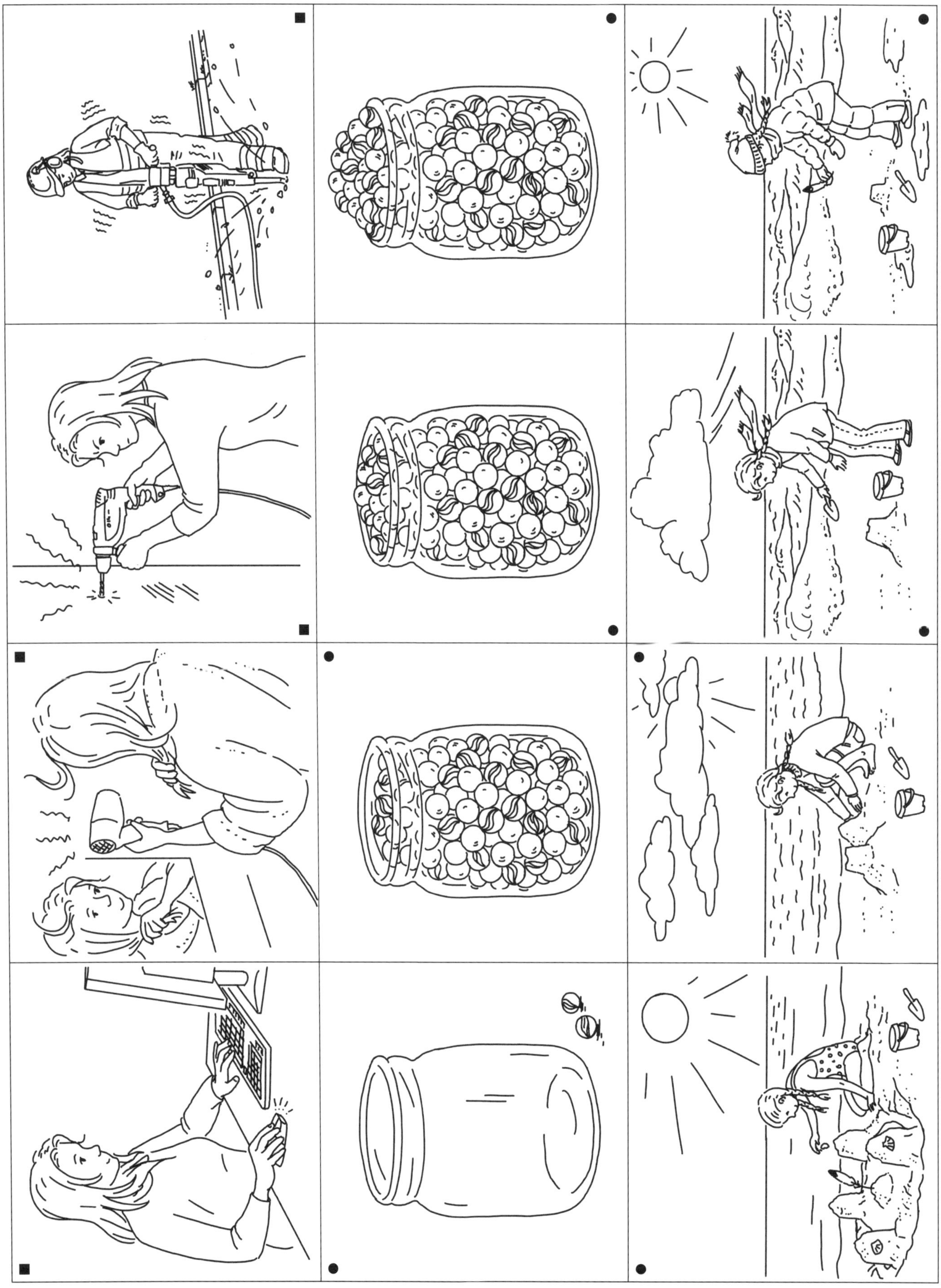

Bildkarten 3 (Gegenteil – Grundform – Komparativ – Superlativ)

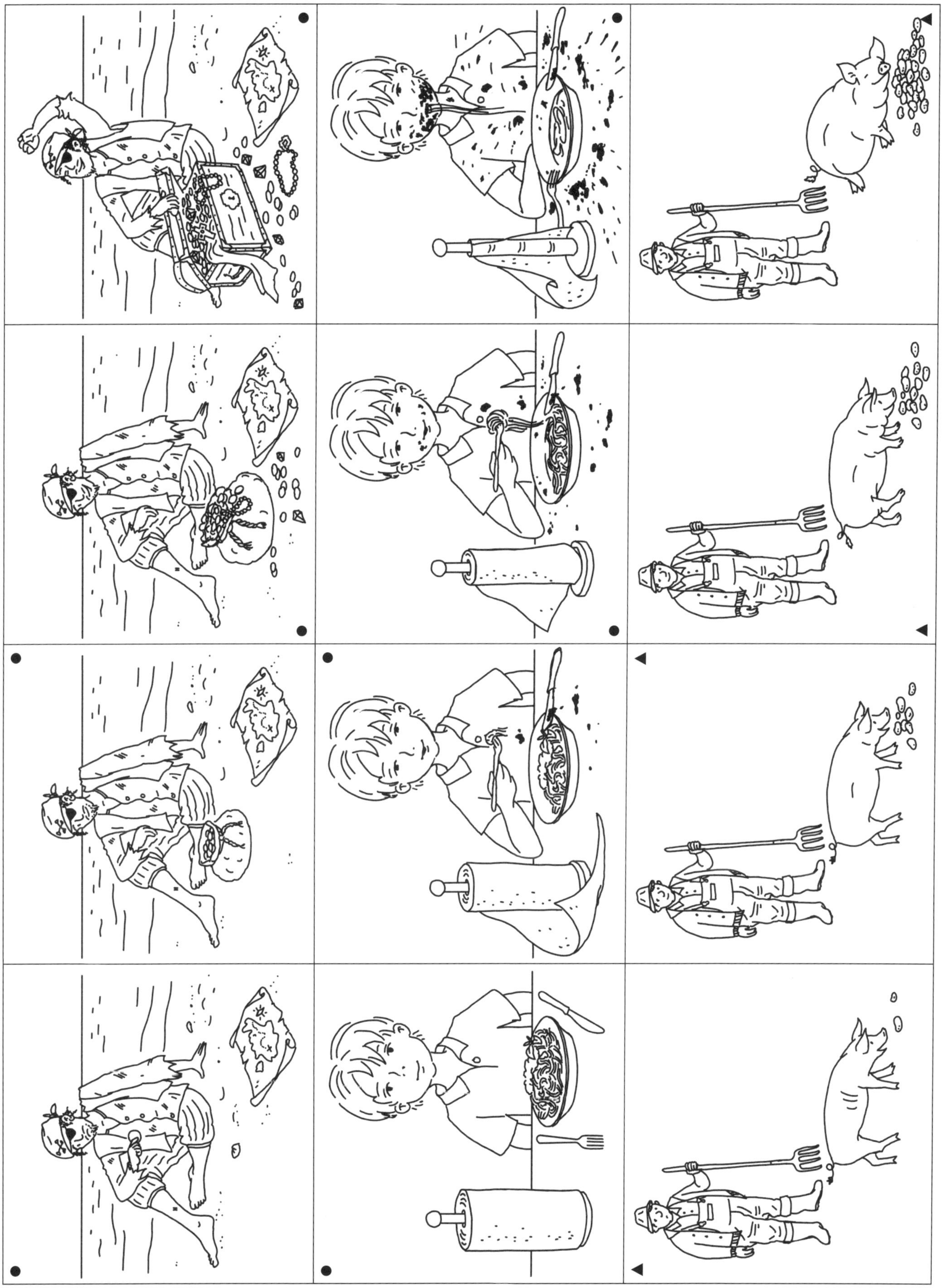

Bildkarten 4 (Gegenteil – Grundform – Komparativ – Superlativ)

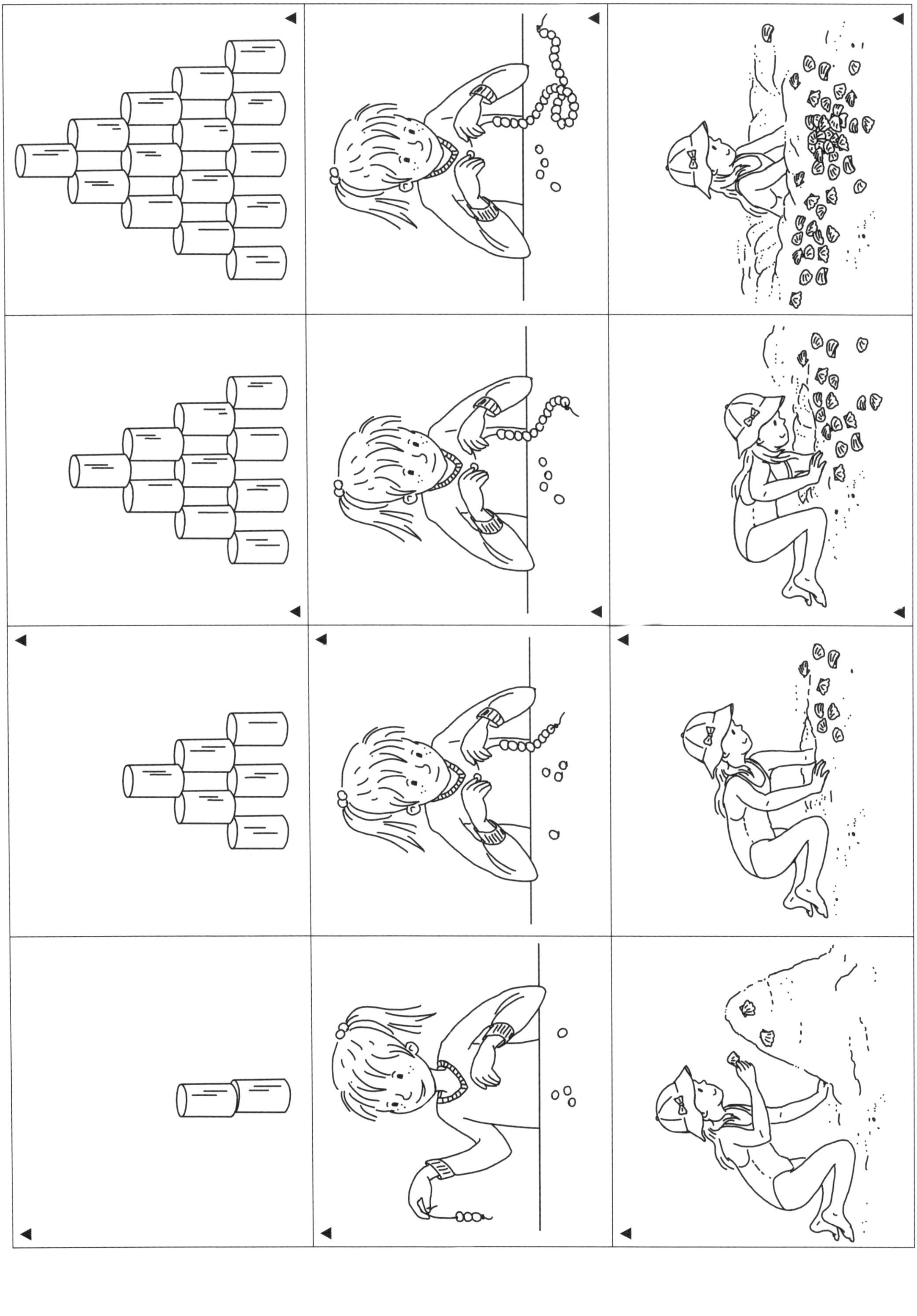

Bildkarten 5 (Gegenteil – Grundform – Komparativ – Superlativ)

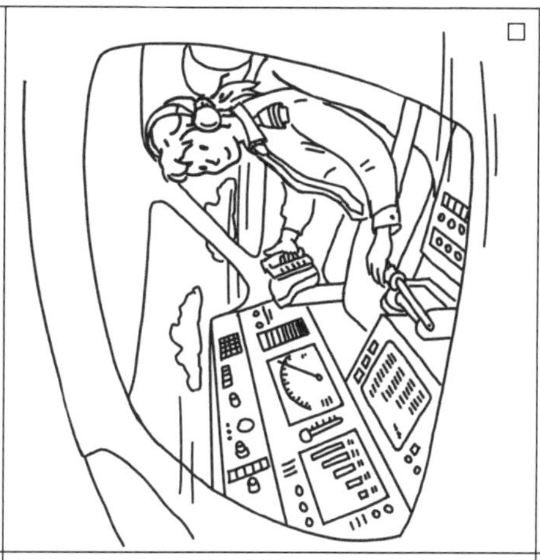
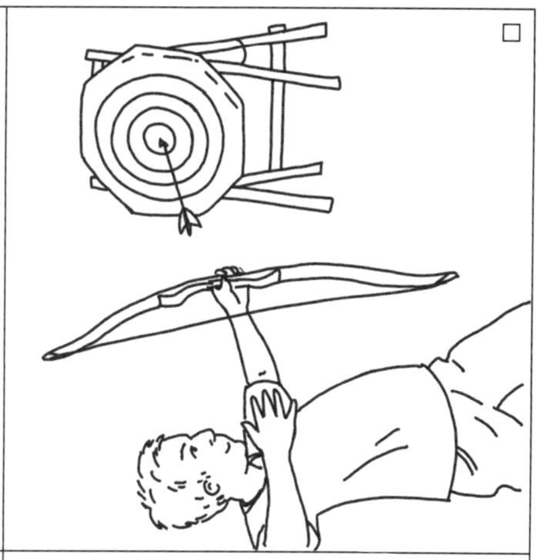

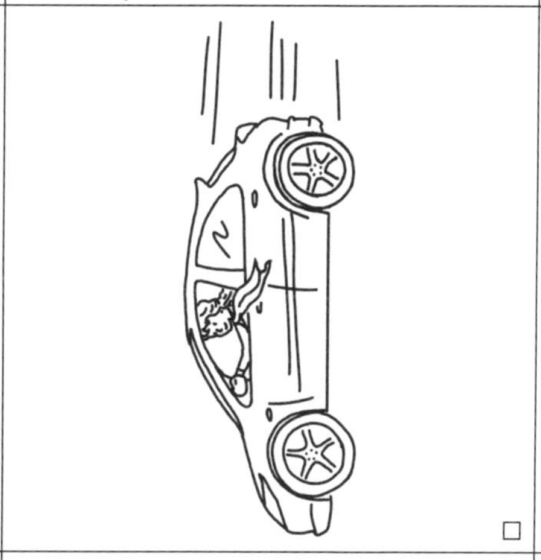
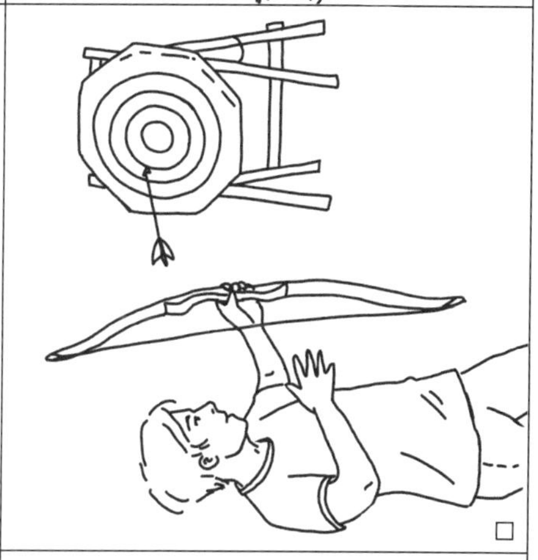
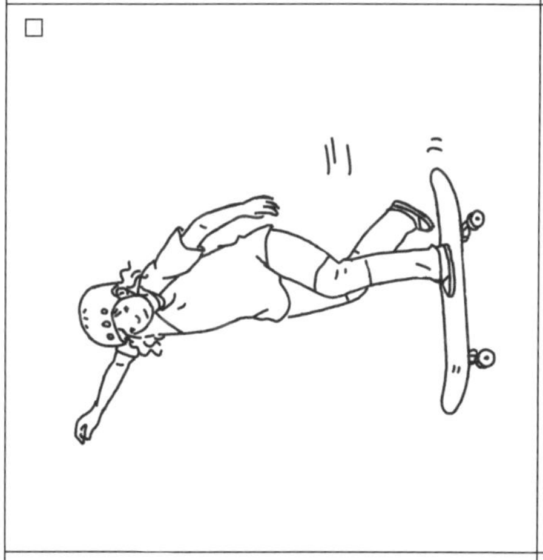

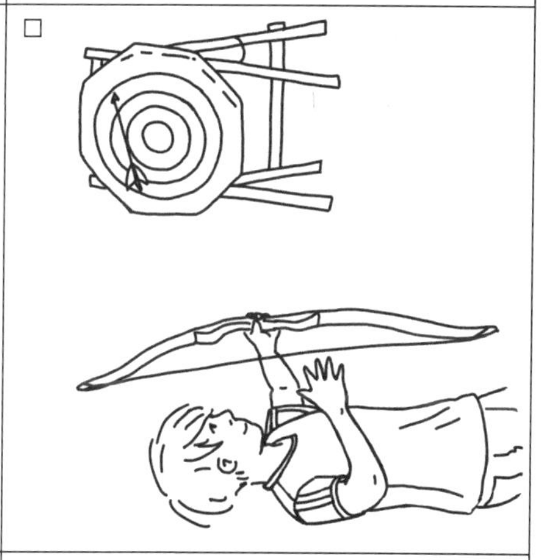

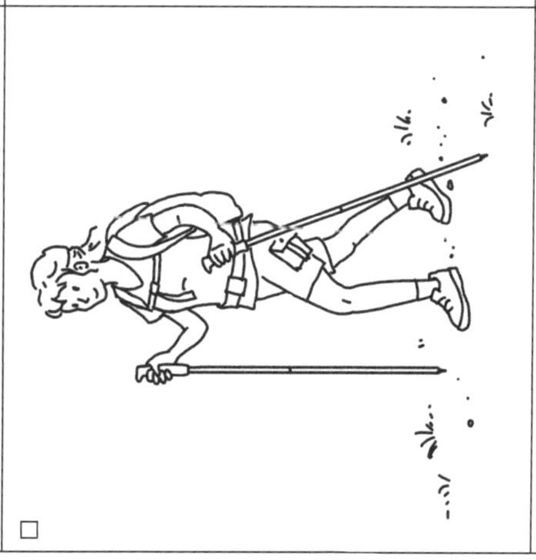
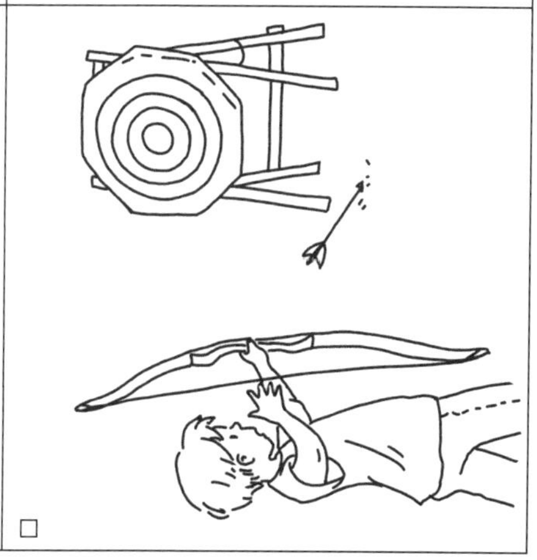

Bildkarten 6 (Gegenteil – Grundform – Komparativ – Superlativ)

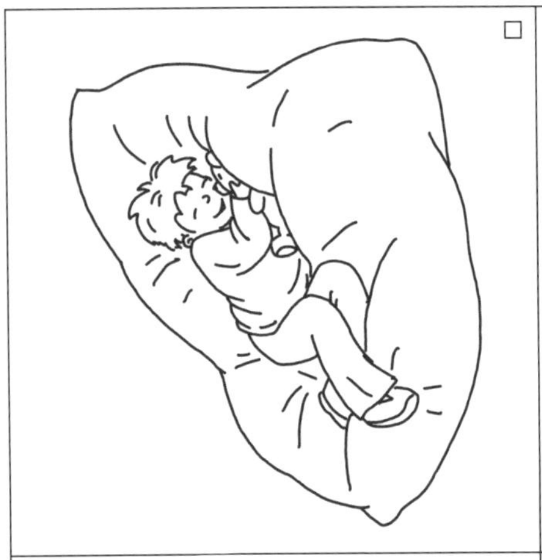
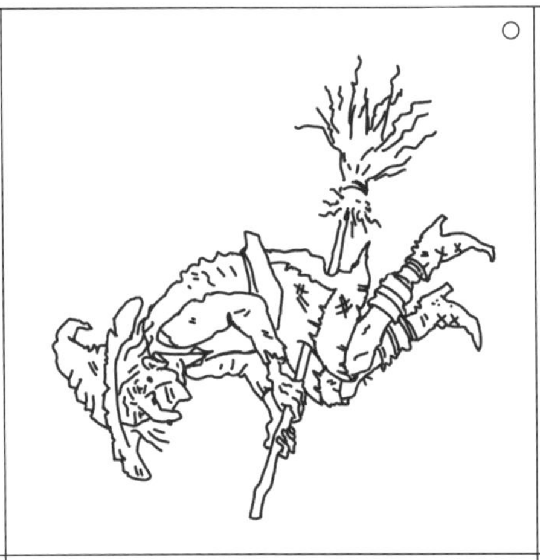

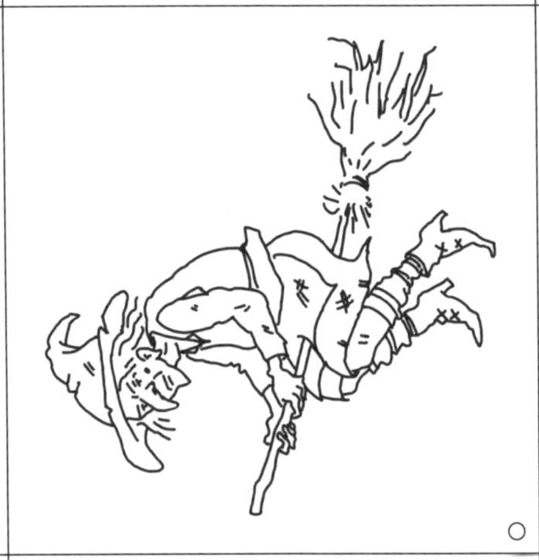
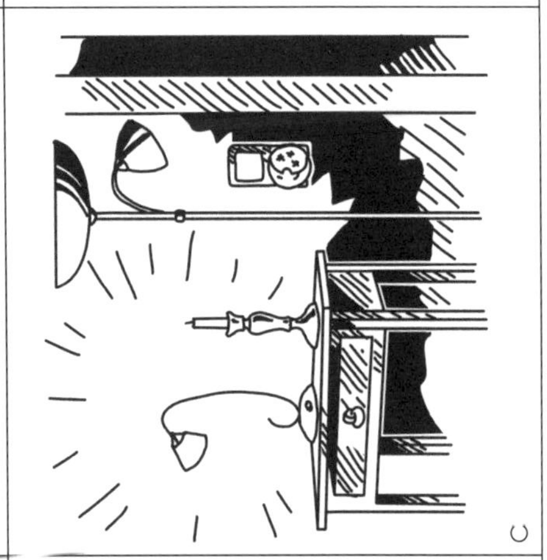
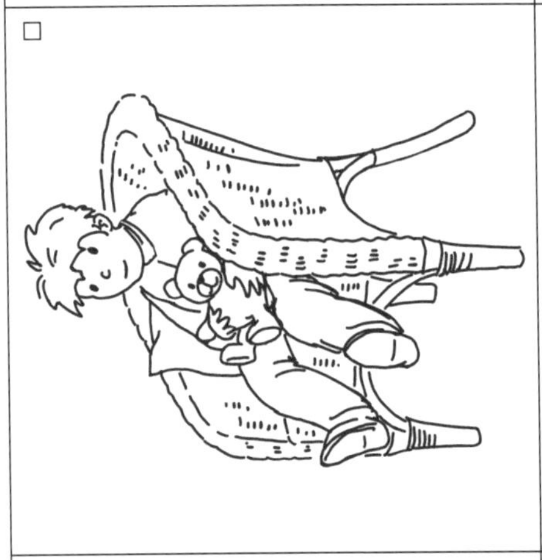

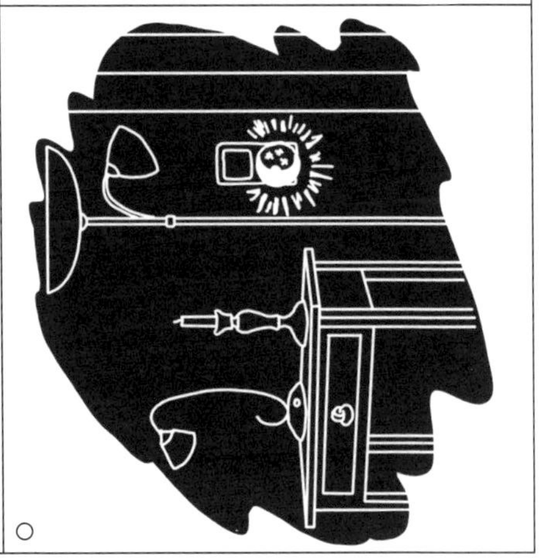

Bildkarten 7 (Gegenteil – Grundform – Komparativ – Superlativ)

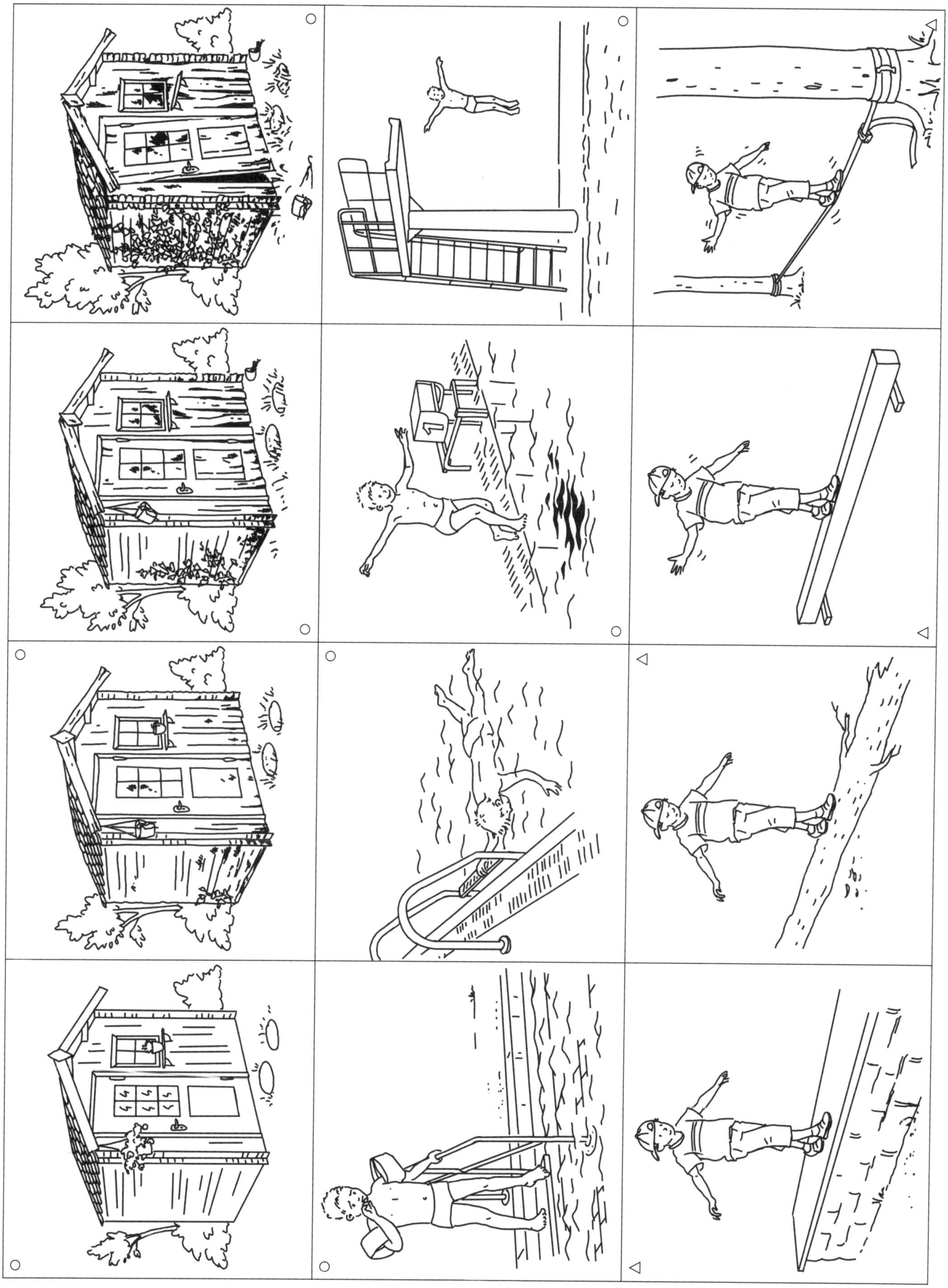

Bildkarten 8 (Gegenteil – Grundform – Komparativ – Superlativ)

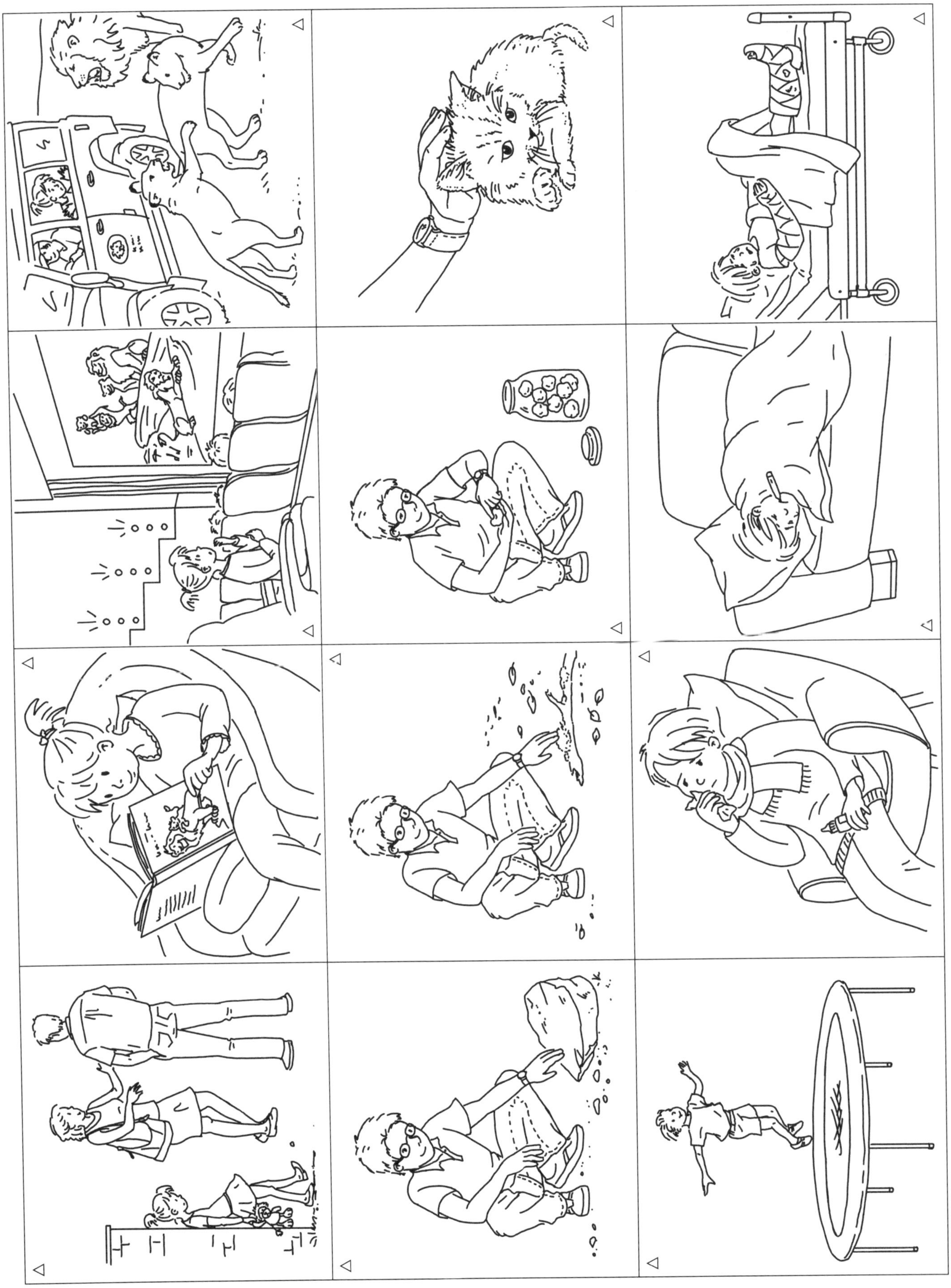

Spielplan 1 (Grundformen der Adjektive)

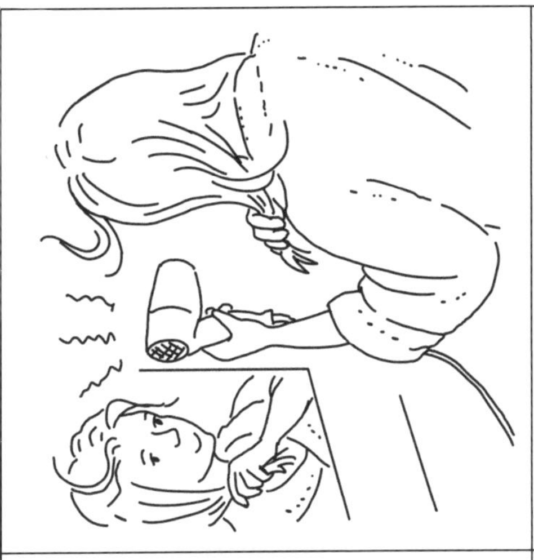

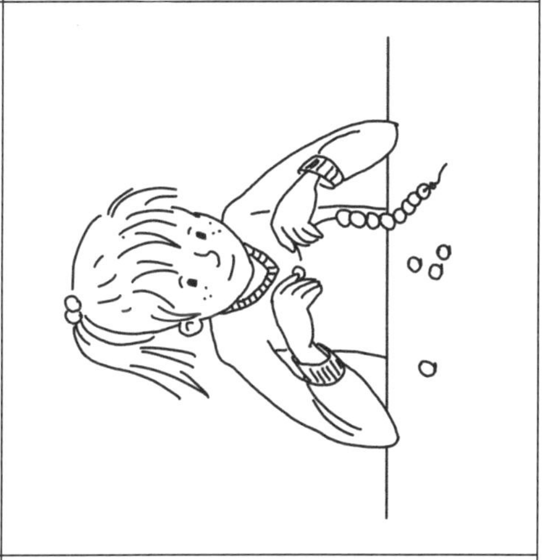

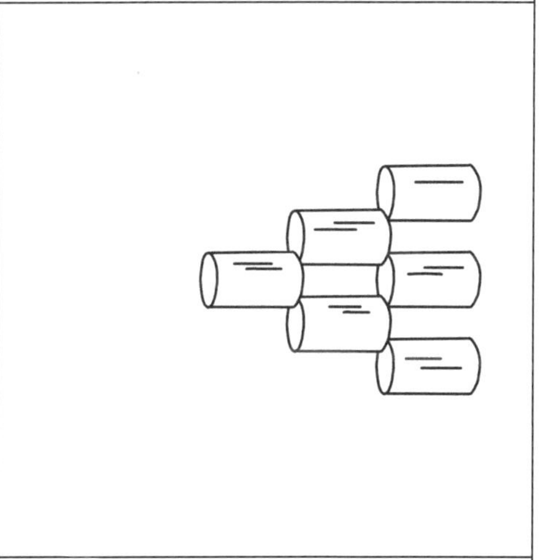
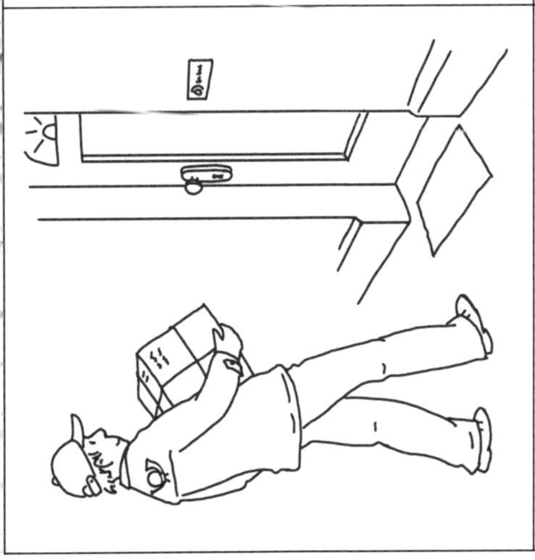
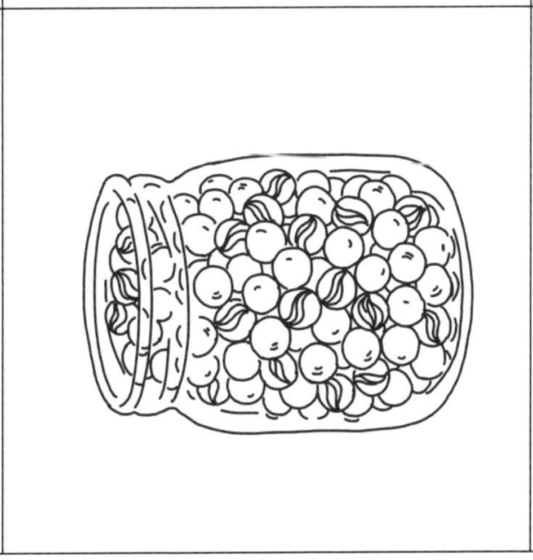

Spielplan 2 (Grundformen der Adjektive)

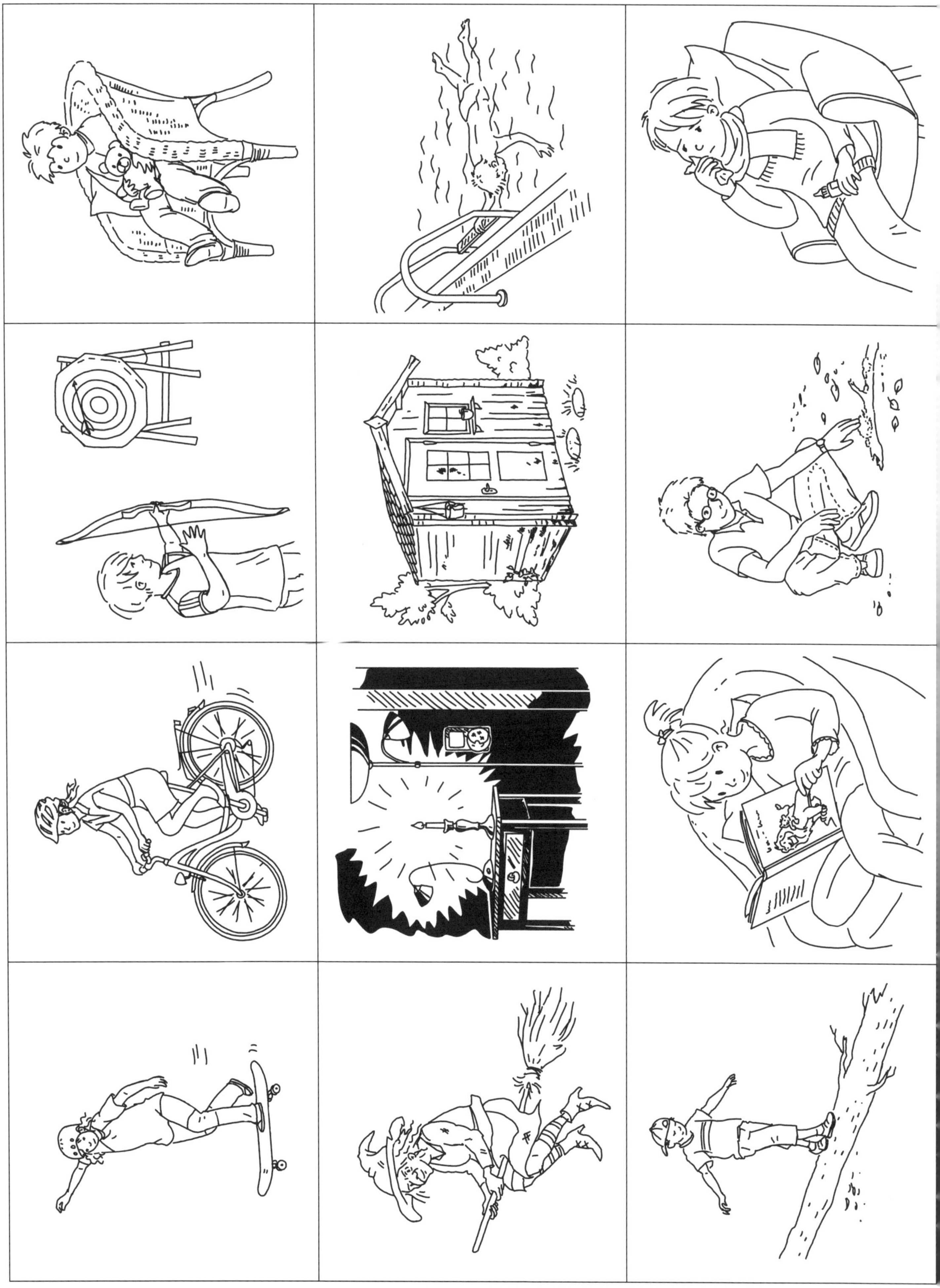

Spielplan 3 (Grundform – Komparativ – Superlativ)

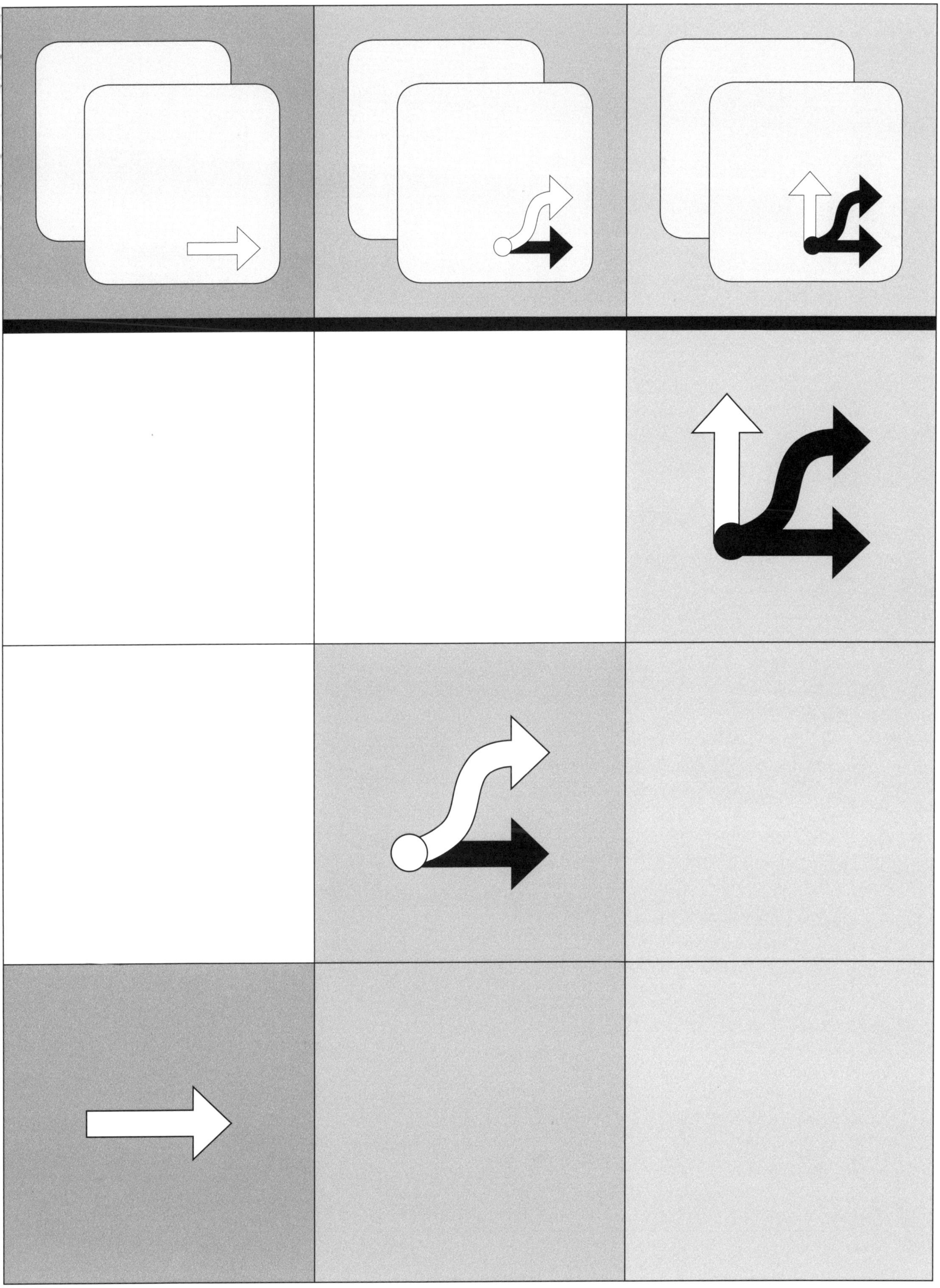

Dominokarten 1 (Grundform – Komparativ – Superlativ)

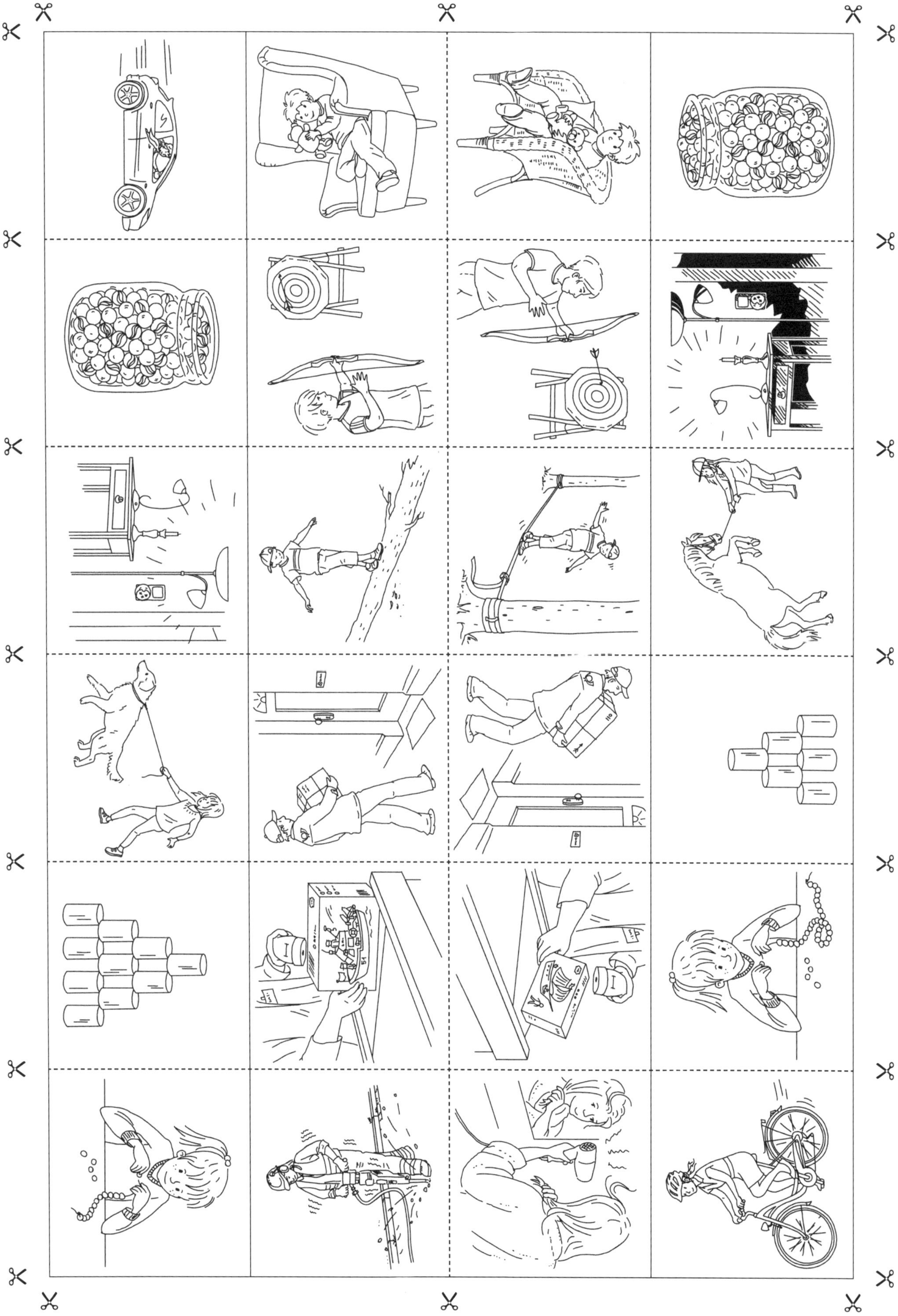

Dominokarten 2 (Grundform – Komparativ – Superlativ)

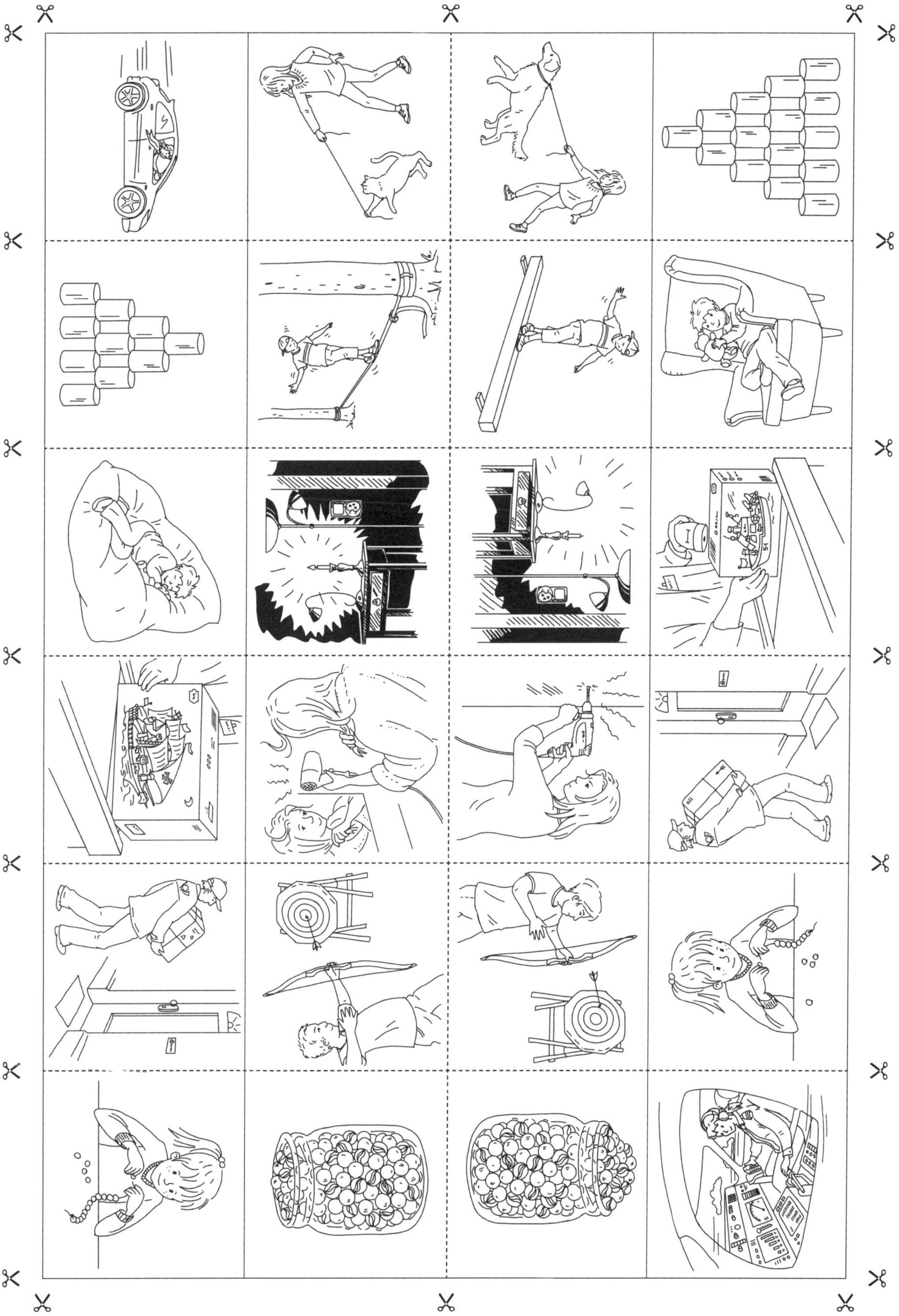

Spielplan 4 (Gegenteil – Grundform – Komparativ – Superlativ)

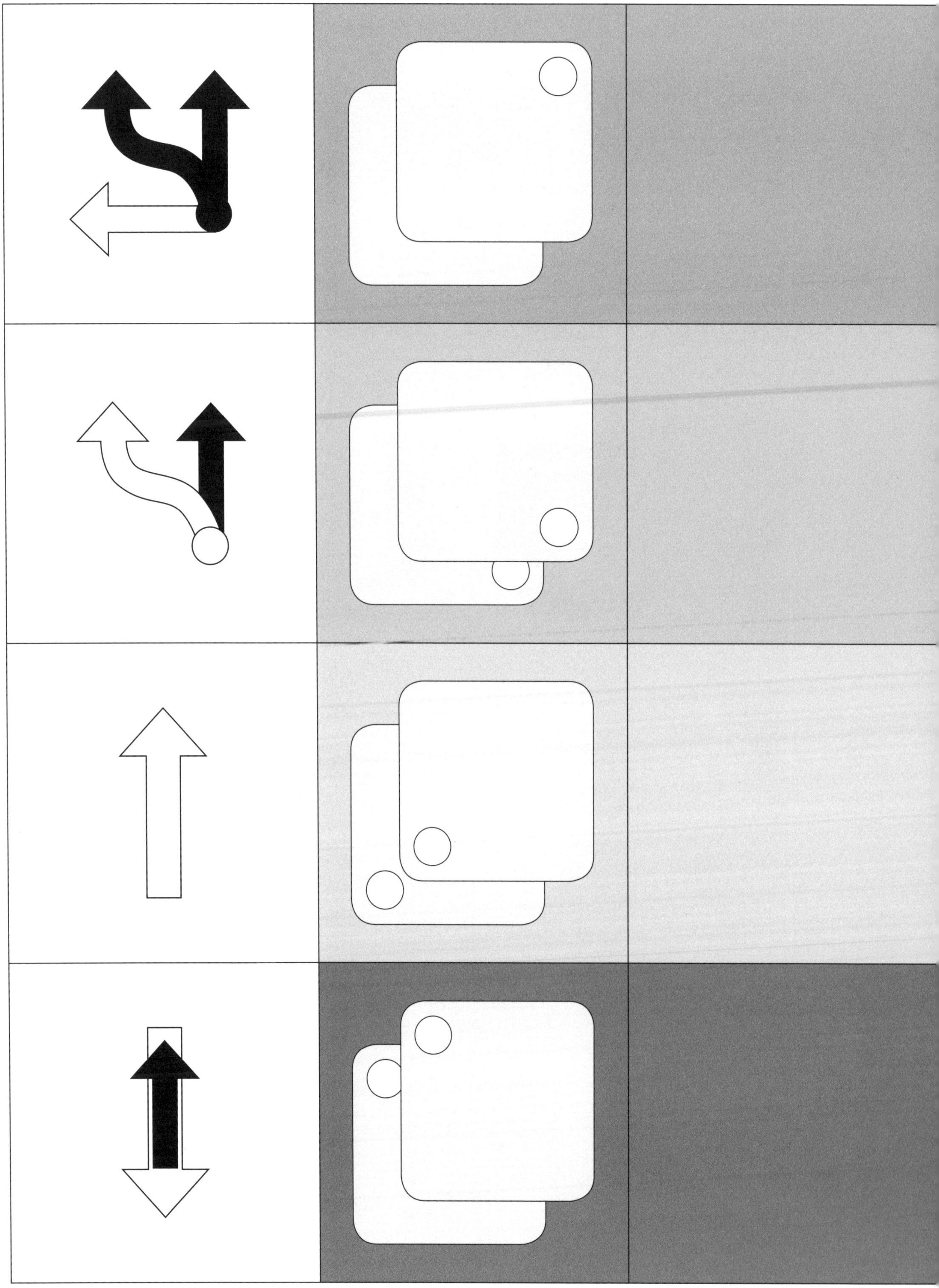

Spielplan 5 (Gegenteil – Grundform – Komparativ – Superlativ)

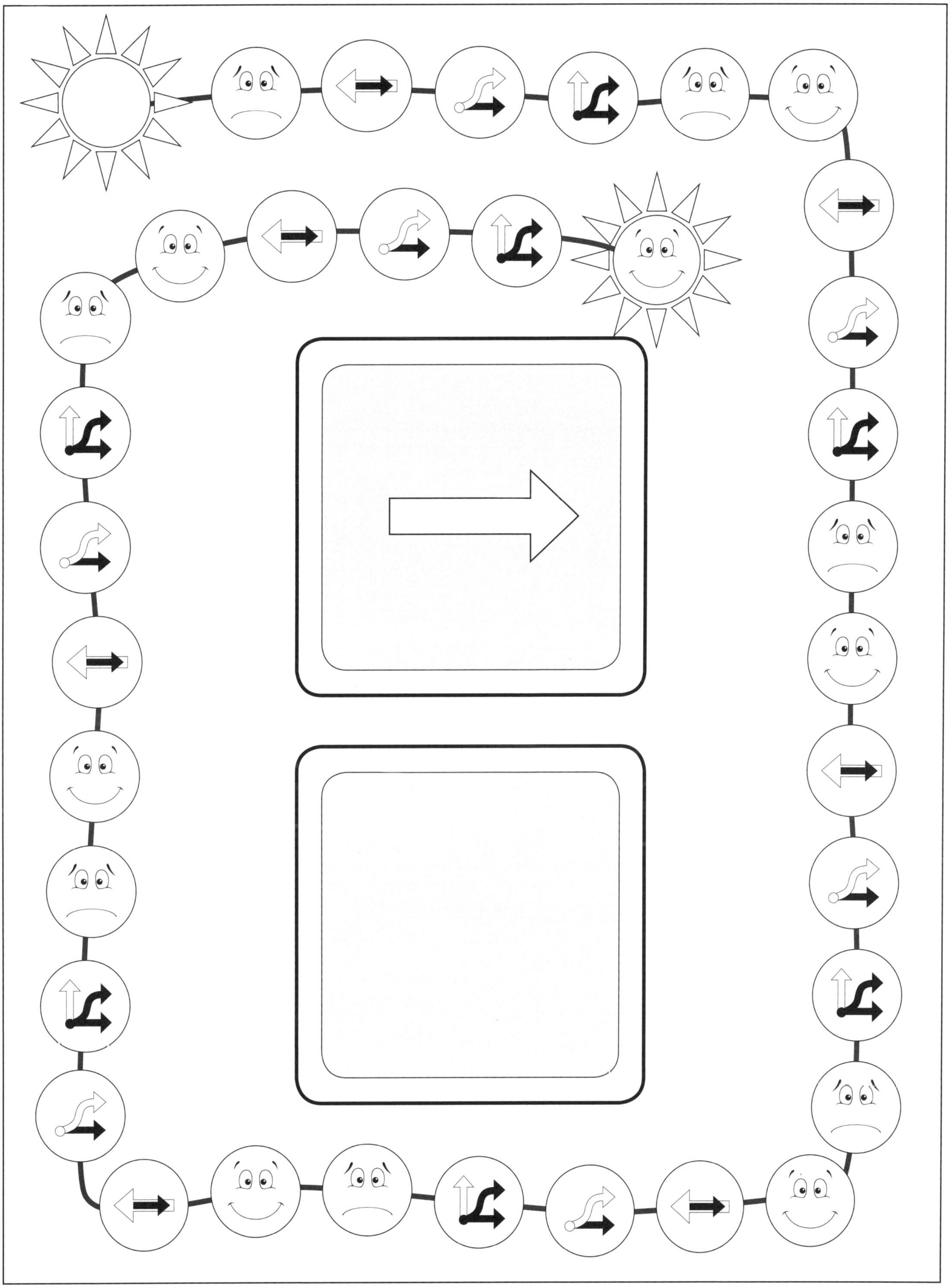

Spielplan 6 (Grundform – Komparativ – Superlativ)

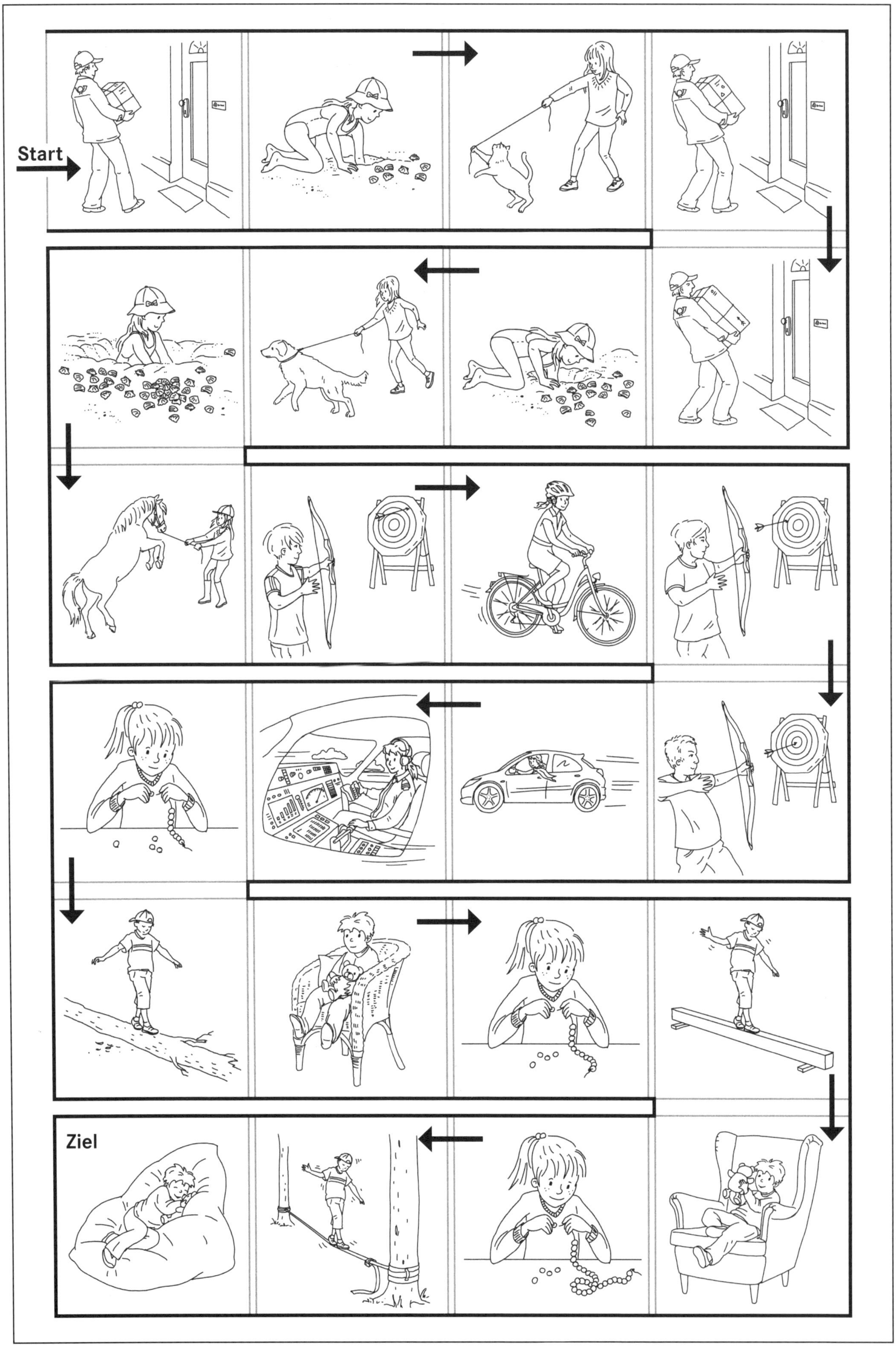